我在春天里待得太久

陈云坤 著

作家出版社

图书在版编目（CIP）数据

我在春天里待得太久 / 陈云坤著. -- 北京：作家出版社，2022. 8

ISBN 978-7-5212-1801-5

Ⅰ. ①我… Ⅱ. ①陈… Ⅲ. ①诗集－中国－当代 Ⅳ. ①I227

中国版本图书馆CIP数据核字（2022）第021927号

我在春天里待得太久

作　　者：陈云坤
责任编辑：江小燕　张　婷
装帧设计：周思陶
出版发行：作家出版社有限公司
社　　址：北京农展馆南里10号　　**邮　　编**：100125
电话传真：86-10-65067186（发行中心及邮购部）
86-10-65004079（总编室）
E-mail:zuojia@zuojia.net.cn
http://www.zuojiachubanshe.com

字　　数：154千
印　　张：21.75
版　　次：2022年8月第1版
印　　次：2022年8月第1次印刷
ISBN　978-7-5212-1801-5
定　　价：48.00元

目　录

辑二

辑三

辑四

辑五

自序　一本不是“诗”的诗集

权且把这册三百页左右的集子称作“诗集”吧，是因为找不到更恰当的名称来描述这“几不像”的文本。但说是“诗集”，又怕玷污了“诗”这个神圣而美好的名字。

诗，等同于我心中最神圣最纯洁的亲情、友情及爱情。爱诗，从读诗开始，豪放的婉约的，中国的外国的，古体诗现代诗，都有读过。有些诗，我是读进了心里的，是它们给了我跌倒后爬起来的力量，更是我遭遇挫折“坚持下去”的勇气。

但写诗于我，无论是古体诗（包括词）还是现代诗，其实是不知就里的，感觉怎么舒服怎么来，全凭自己的感觉乱写一通，所以，把我零乱日子记下的些许零乱的句子称作“诗”，内心很是忐忑。但这些句子似乎又的确有些“诗”的感觉或者味道，所以，还是暂且称它为“诗”吧，等将来有人给出了现代诗确切的定义，再把它从“诗集”中剔除也不迟。

当然，我深信，如我这样一个少年或者青年时期因生活窘困所迫到处流浪的浪子，生存的轨迹、生活的思考，即使写下的句子算不上诗，至少也可以当成一面社会生活的镜子，从另一侧面，反射了以“我”为代表的生活于社会基层的一群人对生命生活的所思所想，对家国对亲人对朋友的真挚情怀吧！于我而言，这些不像诗的句子，其实给了我一片向往美好生活和美妙爱情的蓝天，支撑着我走过了许多生活的艰难、生存的沼泽，从而到达了今天相对自由、轻松、惬意的生活彼岸。

关于诗，我还有不得不追诉的亲情。二十世纪六十年代中期，我仅读过小学三年级的父亲，在他十六岁的那年，穿着姑妈用布片将脚底垫高了两厘米的反帮皮鞋坐着闷罐火车当了一名铁路工人，也许是他在湘黔线，或者是南昆线的深山里修铁路的时间长了，害怕铁路工人的孤独和寂寞会遗传，也许是羡慕有知识的人讲话水平高管理能力强能够当领导，不用整天扛铁锹背水泥搬大石头，盼望自己的儿子将来多有点文化多多少少改变一下自己或家庭的命运，他除了将大部分的工钱寄回家养家，还买了诸如“四大名著”《爱迪生》《十字军骑士》等很多的书籍回家，并年复一年订阅了《人民文学》《诗刊》《星星》诗刊等今天看来也比较高冷的纯文学刊物，而这一切是他一个小学三年级都没上完的人所做的，目的何在只藏在他心里，他自己到底阅读了多少至今在我心里也仍然是一个谜。但书和杂志他一直在买在订，每年从广东、湖南等很远的地方回家探亲，都会将这些宝贝一样的东西带回家。

当时无知，我竟然希望他给我带回的不是这些旧得发黄的废旧书本，而是一把上山砍柴能够用得上的锋利斧头，一个可以抠钉子和敲煤的羊角锤，或者干脆就是一把他挖过路基的“十字镐”……

他带回的这些与诗有关的书和杂志，在某年的冬天我倒是派上了用场（我大约十二三岁），当我看到在乡办煤矿当会计的堂兄用废报纸把很旧的木板房裱糊得亮堂堂准备过年的时候，带着对父亲那一年不回家探亲的遗憾和抱怨，我从一大堆的高箱中翻出他多年积存下来的《人民文学》《诗刊》及毛选等书籍和杂志中的一部分，拔去开始生锈的钉书钉，用灰面糨糊一张一张褙到了漏着寒风的木板上，百年老屋糊上这些优质的纸张同样也亮堂了许多温暖了起来，让我高兴了那么一阵子（感觉把堂兄用报纸褙的屋子比下去了），却让我懂事以后后悔了半辈子！

但也许正是这件荒唐事让我与读书、特别是读诗结上了缘。少年时，不知是营养不良还是怎么的，经常闹小腿肚子抽筋（当地农村称为“脚转筋”），晚上痛得睡不着就起来站在床边的空地上，我们家是在一个四合院大天井的正下排，天井中住着一二十户人家。有时邻居家有老人去世了，年龄不大的我晚上一个人痛醒了有些害怕，就打开电灯或者点着煤油灯盏，在昏黄的灯光下，伴着小腿肚子的疼痛，贴在墙壁上的文字慢慢进入了我的眼帘。已记不清用了一年还是几年的时间，床四周裱褙的《诗刊》和

《人民文学》上的作品被我不知不觉看了个遍，还有《毛泽东选集》中的《论持久战》和《星星之火，可以燎原》也是这样看完的，这些有趣的文字甚至让我把墙上贴的纸页小心翼翼地重新揭起……父亲千方百计达不到的目的，却被小腿肚子抽筋意外地帮助实现了。

后来又受躺在大木箱底的《唐诗三百首》《宋词》《人民文学》《诗刊》的影响，我开始慢慢地学写一些古体诗，甚至为自己能作几首打油诗而沾沾自喜。这时，一位对我写诗很有影响的高中同学兼朋友出现在我清苦而孤独的学生生活中，把我引向了新诗这条道路（虽然至今我也不敢承认我写的这些东西叫“诗”）。有一天，我把我写的古体诗（准确说叫顺口溜）给他看，他先表扬我写得好，然后话锋一转腼腆地对我说他也写诗，但写的是新诗。当时我对新诗并无好感，但是，当这位同学把我带到他的住处，翻出他的笔记本，给我看他抄录的徐敬亚的《既然》：

既然／前，不见岸／后，也远离了岸／既然／脚下踏着波澜／又注定终生恋着波澜／既然／能托起安眠的礁石／已沉入海底／既然／与彼岸尚远／隔一海苍天／那么，便把一生交给海吧／交给前方没有标出的航线！

北岛的《回答》：

卑鄙是卑鄙者的通行证／高尚是高尚者的墓志铭／看吧，在那镀金的天空中／飘满了死者弯曲的倒影／冰川纪过去了，为什么到处都是冰凌？／好望角发现了，为什么死海里千帆相竞？／我来到这个世界上，只带着纸、绳索和身影／为了在审判之前，宣读那些被判决的声音／告诉你吧，世界我——不——相——信！／纵使你脚下有一千名挑战者，／那就把我算作第一千零一名……

我感到震惊和羞愧，觉得自己是那么渺小和浅薄，原来新诗也可以如此震撼。后来在他寝室的书桌旁，又接触到英国诗人雪莱、拜伦的作品，也从他抄录的诗歌集锦中接触到徐志摩、舒婷、戴望舒、傅天琳等，我被新诗的美深深地吸引。由此，我开始尝试用新诗记录自己的思想，表达自己的感情。那时候，怯懦而又胆小的我，把自己对某个女生的爱慕之情，把我周末回家没有从母亲那里拿到下周的生活费的苦恼，把我没有雨伞独自在细雨中淋雨的懊恼悄悄地对着日记本倾诉，写完了，合上本子，神经质的我便能安然入睡。

大学期间，我把诗写得大气磅礴满纸辛酸，写山写水写流浪，写江写河写爱情，写风写雨写人生，写完读过撕过也烧过，还曾悄悄地写下地址寄给过《星星》诗刊、

《诗刊》的编辑部。大专毕业后，我被分配到一个小镇上教书，有了工资的第一件事，就是去邮局把父亲已经中断了多年的《人民文学》《诗刊》《星星》诗刊订上。时至今日，这些刊物仍是我每年必订的书目。后来，我消沉了，无数不能成为理由的理由，让我抛弃书本，离开诗歌……童话娃娃（朋友私下给我的雅号）开始去世俗世界中寻找自己不该有的身影……

再后来，参与筹建四渡赤水纪念馆，认识了一群有理想有智慧的历史人物及他们进行的史无前例的长征，策划电视连续剧《十个连长一个班》，让我慢慢地对历史对书本又感上了兴趣，又坐回到书桌旁，买来新的笔记本和笔，坐在孤灯下记录整理那些从书本及田野中听来的历史故事，同时又开始零星地写一些像诗的短句。慢慢地，还学会了把工作中和事业上遭遇的挫折抛在脑后，学会了在孤独中清醒，在迷途中找到方向。长时间地沉浸与积淀，终于在知天命之年，知道了自己想干什么，该干什么，能干什么。是的，可能就是这些不是诗的句子点亮了我思想中的明灯，开始思考生存和生命的意义，领悟生活以及生活中沉淀下来的哲理，给我丑陋的形体披上一件灵魂高尚的外衣，与诗一起美丽下去。

当然，那些断断续续的句子不一定能给除我以外的其他人以启迪。却可以让我为自己留下一个青春及青春走向身体成熟（思想至今也不一定成熟）的念想，想到这些，我开始整理并电话联系我唯一熟悉的一位作家出版社的编辑老师，打听一下是否有出版的可能，并借机写下这篇与诗相遇的感言，如拙著能有幸通过出版社编审出版，就暂代序言吧，因为无缘认识当今诗歌界的名宿硕儒，求得他们的指教或者作个序蹭点名气，这也是无奈中的办法啊！

辑一

那些青春时期懵懂的爱情
不是我青春的全部
却是我诗歌得以成长的摇篮

祈祷

给世界一个祈祷
让所有拥有的人都有欢欣
与人类一个尊严
让挺直的骨气不被风吹远
请花蕾激动的时候
为有情人祝福
哦！这世界的每一个角落
都有无语的沉思
没有什么力量能超脱自然的束缚
也没有什么力量能使我们的真诚减弱
你
如果心灵的承担不能负责起那个假如
你想起这世界还有一颗寂寞的心需要解脱
就说
我等待你回归的脚步

致梦中的少女

花儿，比不过你的美丽
冰雪，比不过你的圣洁
我至圣至洁的女神呵
你是怎样悄悄地潜入了我的梦里？

你来时，没有汹涌的波涛
没有神奇的云雨，没有众神的引领
你怎知我居住的茅屋
就是你神往的乐土？

我欲摘天上的星星为你做钻戒
讨九月露珠为你做耳坠
如果没有玉佩
我就摘取出自己的心挂到你的胸前

姑娘

站在土路尽头的那位姑娘
好似朝阳下的一丛大丽花热烈开放
她为何总抱着一本我喜欢的诗集
知道我是缪斯最眷顾的诗人?

我日思夜想的女孩
她此刻正站在低矮的木屋前
丰腴的手指捏着衣角
左侧是盛开的野菊花
她似有什么心事等着要向我吐露!
还是创造机会等着我上前搭讪?

我感觉她总是计算好时间
侧立着身子等待在我将要走过的路
但为何我还未走到她的身旁
她又婀娜转身

留给我一个空自惆怅的背影?

我总是迈着春天一样小心翼翼的步履
踏上与我的心情同样心花怒放的泥路
走向木屋边站立的我的女神
而此刻她那双温柔美丽的眼睛
总能一眼望穿我步伐中的矫情
和内心真实窘境

我要如何才能与我心爱的女神搭上话语?
是该赞美她花儿一样的容貌
还是问她借阅她手中的诗集
我要如何才能掩饰住
脸庞上写明的急切想见到她的心情?

手绢

汽车启动
引擎声“嗒、嗒”响起
她缓缓地抬起了柔弱无力的手臂
如同一枝攀上高枝的凌霄花
透过车窗
我看到
她用纤指扬起的是一方手绢
那是一方她为我包扎过伤口的手绢啊
此刻，化成了一只从她手里放飞的蝴蝶
——就此注定，此生
我的爱情要遭遇所有的忧郁

泪水很快模糊了我的双眼
车窗外，她的倩影和着那只蝴蝶
随着车轮的转动开始后退
在八月和煦的阳光中
一起飞向了　遥远的天际

你的影子

你的影子　怎么总是那么温柔
总能抓我的相思于柔肠百结

你的影子
是否早于泪水和思念存在于我的记忆中?

惊悸的梦
是不是你离开时
故意留下的一粒
让我相思时疼痛的种子

短诗一束（七首）

花

春天，花开在
翠绿的枝条上
我看见了它的颜色
闻到了它的香气
却已记不起对她的思念
到底弄丢在了哪个春天?

我的爱与生俱来

我的爱与生俱来
随着时间的久远
四溢芳香

已去的沧桑

已去的沧桑
只容许
你一个过客
想你的每一个夜晚
都是忏痛我心灵的诗章

爱

你用什么物质可以雕刻你的爱呢
什么东西能时刻牵绊住我的痛
什么土壤可以种植有你的梦呢
让我日夜到访却始终叩不开她的心门?

致自己

不要因为昨天的挫伤
就把所有的爱恋
都交予时间去处理

真挚的爱
需要用长久的时间去等待和培育

思念

多年的思念
刚从我的心里跳出来
就成为两滴
挂在脸颊上晶莹的泪珠

希望

我梦见了一叶莲瓣似的小船
与你一起
我们坐在莲花盛开的船上
一起飞向太阳刚刚升起的地方
那里是爱情最神往的天堂
到处洒满了幸福的阳光

在雨中（外二首）

柳丝在风中颤抖
雨却无情地肆意
我望着远去的背影
慢慢将撑开的伞收起
我不愿在淅淅沥沥的春雨之中
让柳条儿单独

致——

谁说郁金香最美
还有你的芳唇
谁说金雀花最艳
还有你的青春

飘然飞到我身旁的那一刻
告诉我
世上哪个词最美?

你的梦境是否有与我相遇
昨天的风
吹皱了蓝色的日记本
封面上那最美的一对鸳鸯
告诉我
是不是我和你?

思

小雨肆虐的时候
我怀疑过天
是不是我的痴情亵渎了爱神
她的怒火凿漏了天底

春雨飘零的时候
我叩问过地
是不是伊人的蹙眉我从未读透读懂
因而寒冷了整个冬天

又一年啦
我坐在老屋门前的苹果树下想
得了，回去问妈妈
爸和她是怎样恋爱上的

生日礼物

你可知，此刻窗前细雨
丝丝皆是我遥寄的祝福
你可知，芭蕉叶上滴答作响的浅唱低吟
全是我失去你后痛苦悔恨的泪珠

此刻虽然秋虫尽皆失语
却一定还记得我们曾经走过的田畦
以及田畦上遗落的那些窃窃私语
真诚和欢愉跌落在草丛间
我今用它
作为敬献给你的生日礼物

阳台上，挂着一帘雨声

一朵梦　在冬天的细雨中盛开
吉他的音符　扩散我的忧伤到雨夜之外
而我猜想心爱的姑娘此刻正淋着眼前的细雨
替我采撷着这生日的芳香

我亦独自徜徊在这满是忧伤的梦境里
幻想着她用温柔的手指温暖着我的心房
幻想着梦的四周照着明亮的烛光
将她同样忧郁的眼神映照在看得见细雨的阳台上

只有寂寞的风吹得夜雨沙沙作响
一次又一次无情地打碎我梦幻中的天堂
我独自饮下祝福自己生日的水酒
将一帘雨声挂在孤独的阳台上

再致

一直都在等待
你的脚步应着我的笛声而来
一直都在希望
你匿隐的倩影重又回到我的眼眸中
一直都在相信
我的忧郁能在你的慰藉中化解

而你却只是一支漂白的曲子
让我从梦中惊醒又只给我一些
寒碜和凄凉
只是一首倦意的诗
让我永远追逐
又无法靠近你的心房

我于是只能依偎在
细雨飘零的窗口

在时与空的错误中

在美丽而兼具哀愁的日子里

愈合昨日的伤口

无题

晨光在窗外　风很凉
我的祝福诚挚而豪爽
像丁香花在后园为你热烈开放
树叶冲不进星空
默默地召唤为了我的衷情
为了你的生日快乐
我在另一个角落扼腕忧伤！

双唇歌唱已经暗泣　两眼如废弃的枯井
灵魂的升华唤醒不了永不消失的疼痛
我无需再深埋自己的思想
大鹏倦倒了才想起那支
还冒着青烟的猎枪
生命走不动了　驿站伫立
我献上虔诚为你痴情祷告
把我的余年加到你的生命之中

在这世俗的尘寰我只是一名走卒
世界不能容忍我
而我亦不能忍受这世界的虚伪啊
让寂寞把我的身体和心灵严实包裹
放置于冰雪亦无法到访的虚无时空
但求来世我们能够再次相逢
你能用理解
迎候我　沉默的泪水

一支被抛弃的桨

你把
所有的流星遣散，光芒四射
星星的位置布局那么空虚

你把
你的世界用故事塞满，敞开心扉
却用寒夜温暖我的笑容

所以不敢在
月光下邀请你的爱情
它在遥远的彼岸

我没有抛弃你是你的世界抛弃我呵
遥隔重洋便意味着赶海的羞涩
行李仅仅是一柄鱼叉和一首诗

由此，诞生
你送我的那些夏季流浪的漂泊
水鸟把痴情归期写成白浪滔天
可你的温柔依旧美丽动人
掀起风肆意勒紧我眉宇间鱼尾纹的海港
笔下血凝动人世的沧桑

于是，当马尾弦的声音沙哑失去诗的个性
你把我疲惫的双翅安放在无梦的睡眠中
失去飞翔我坐在失修很久的舷板
听寂寥的星星在天空升起并下沉
我便要在这蔚蓝的海水间永卧下去
把跋涉之苦用潇潇风雨伪装
无事过这一夏后
请你用一滴伤感的泪水打湿
遥远的海岸上
一支被抛弃的桨

让我美丽地安息

夏日风写完了绿地的习题
青春炽热的焰火也开始平息
于是，所有的来函都涨成了潮
成为干渴沙漠中一滴肥美的雨

既然你　也不再想
用固执的观点打动我梦中的呓语
既然你心里的那一角微风
也觅到了一处可以归宿的暗夜
那么　请你
明眸回望我的那一瞬间
还给我曾经爱过的记忆

让我在冰冷的沉思中
在孤独和满是伤痕的泪水里
美丽地安息！

冬天很冷（三首）

雾

飘浮在树上的雾
遮蔽了低处的事物
包括低处的我
所有的似乎都失去了
连河流也没有了蜿蜒的形状

许多真实都埋在雾下
就如我一直将面容
深藏于文字之中

听纸折的风铃歌唱

半夜醒来
我听见

纸折的风铃

发出好听的声音

犹如我心中的爱人

终于禁不住寂寞

我日思夜想的

睡梦中的至爱啊

你是否也如我

总在夜半醒来

这是属于我们的时间

冬天很冷

今年的冬天　一定很冷

一定很容易

让害有相思的人

将手凑到唇边

往手心哈一点热

我只好躲在

没有火的小屋里

想象

你拿着御寒的被服

从遥远的地方走来

我　到底是怎么了？

明明

眼下还不是冬天

明明

枯黄的树叶还缠在

树枝上不愿离去

也许　是我在盼望冬天

一个很冷的冬天

适合相思的人过日子

孤独

把心灵之窗打开
放一些黑夜进来
当你感到生活的绝望
让孤独把心中的花朵盛开

且让

且让我的目光
先逝于平凡
湮灭尘世间已有的高度
且让我的思想
覆盖住时间所有的坚冰
用人类的悲怆穿透苍穹
且让视力又回到我的眼中
用天空不灭的星斗
点亮智慧
却不必将人类的心理缺陷
一一地掩藏

日子

都始终这样想
庙堂的某一个地方总有我的名字
可日子空洞
而且毫无缘由
思想也不能延伸
只能在对面花岗岩的相思树上
拍摄自己的沉默

偶尔也去河边
把自己的影子贴在岸的边角
希望掉下去一弯新月
爬上来
却是一首带泪的诗

路

已经不是传说
缪斯通过她们的嘴唇
把我歌唱

她们香甜而哀婉的嘴唇
还如生命之初那样热爱
在世界流浪了许多日子
一条活着的鞭子
终将我
赶进休憩村舍

感觉三章

我仍是一潭秋水

我深深地知道
我的根错误地扎在水里
让许多失去鳃的鱼
把悲剧亲吻

影子早去了可去的地方
几次轻轻地
将桐叶展开
岁月划动流水
开口处淌滴沉默

在伞与伞相界的天空
黑发的泪新鲜如旧
涨不破秋的岸堤

满腹缤纷的愁游去　游来
缤纷满腹的相思着生
美丽久盼不下
只将水草沉重地缀满

即使我不代表什么
仍然是一潭秋水

翻身的感觉

一种真诚的告诫
在枕畔震聋发聩
放下幻想
便悄悄退出梦境

秋天无法　也不可能
把所有想说的话说尽
夜正酣然饮酒
醉到了你心口之上

梦怯怯地翻过身来
寻找失落
重新把烛火点燃

所有的感觉都叠入了被中

生活的诗意

那些高脚杯里的诗
果仁里的诗　诗里的诗
与我无缘
寂寞把我从雨中拉到伞下
欢乐又把我从伞下推入雨中
爱情是个无耻的囚徒

幻想与黑夜还要黑
希望比绝望更可怕
我是一盘受伤的烤鸭
生活的餐桌上众人来回推搡
名誉在暗处悄悄发笑
真诚却掩面哭泣

我的诗歌不会如此忧伤

1

我和万能的神一起饮酒
不存在有什么目的且我意志坚强
即使有惊雷越过头顶
我们也要交换一些酒杯中幸福的阳光
正如一枝难得一见的昙花忽然开出了骨朵
我的梦只会在相思中将往日逝去的爱偷偷珍藏

2

只要你的目光在我的眼帘之间停息片刻
让我的神圣喉咙呼吸出智慧的气息
只要你的思念还如我们相恋时天上的明月那样
至今仍在脑海里发出闪亮的光芒
在阳光环绕的房檐下就会有一只麻雀悄悄飞出

我的心也会再次抽生出柔嫩的翅膀

3

不知有多少漆黑的夜算计着将我折磨
为了救出那被困的灵魂我不断将自己撞伤
但是我的爱人啊
没有你的怜悯
我的泪水就不会如此绚丽　诗歌也就不会
如此忧伤

铜雀台怀想

我来到秋季的上空
流浪的云旁
我看见清浅的溪水
暗青的山岗
我怀抱优柔的琴弦
将雅致的歌
播撒在红色的山槭树上

风流在时空中相遇
相遇的你我
两顾却鸿途茫茫
八斗诗才，你不能解悬民于倒挂
九斗柔情，我却舍弃爱流浪到他乡
我们的泪呀
与秋天的野菊同栖同息
梦见志士

携手在当阳的铜雀台

且将哀婉的歌慢慢吟来
枯草缀满的古原
旷世的风暴何时才能到访
我们清丽的文字
何时才能激越于庙堂之上？

女娲的泪呀
一滴化成为浩瀚的大海
人类之母啊
为何在九天之上亦暗自神伤
她看到尘世有太多苦难？
还是忧心公平与正义被埋藏

抚今追昔
洛川的知音啊
不遇你，谁将我怜爱
风在广袤的天空肆意
铜雀台的遗恨千年不衰

我为我的灵魂祈祷

我为我的灵魂祈祷
愿上天护佑它安康
因为面对喧嚣浮华的尘世
我怕它迷失了正确的方向

名和利容易挡住远眺的视线
权和钱容易蒙蔽人们心灵的纯洁
而一切耀眼的光环下面
都可能隐藏着无数仇恨的眼睛

我为我的灵魂祈祷
愿上天护佑它良善
决不能因个人的私利忘掉正义
决不能因自己的前途丧失良知

我为我的灵魂祈祷

愿上天护佑它找到一片安居的乐土
那里有真挚的爱情和友谊
没有人世间的虚伪和贪婪

盼望一种声音

盼望一种声音　真诚得难以表述
像雕刻家的艺术品　刻意而执着地追求
诗写得越来越慢了
声音越来越清晰
脚步声越来越沉重

盼望一种声音　像风一样嘶吼
盼望一种力量　撵走世间所有的不平
让天空云彩重归洁白
让大地河水都是清流

盼望一种声音
盼望一场旷世风暴来临
扫去大地所有狰狞
让那些昧心的贪官
都受到正义的惩罚

让所有作恶的污吏
都听清他们的丧钟

盼望雷霆重返大地
神州从此和美安康

给我一座山吧，让我的灵魂安栖

给我一座山吧
让我的灵魂安栖

我的灵魂常常出窍
久居俗世空气布满尘埃
去九天遨游吧
抑或伴皎洁的北斗
收集些树叶和月光碰撞的声音

那些落在地上的斑驳的夜风
在野火中焚烧的土地的血液
那些被文明欺骗过的历史
有苦难挣扎的足迹

给我一座山吧
让我的灵魂安栖

我的眼帘和耳垂常常被一些劣吏的表演玷污
他们所说的与我听见的看见的相隔千里
我的视力和听力都被他们无耻的谎言阻挡在真相之外
我生怕天上的神灵
也被他们的夸夸其谈所蒙蔽

常去面对石头焚香叩拜的地方
用虚无的清净洗涤自己的灵魂
而我最怕和神讨论公平正义
仅留一蓬蓬松的衰草
遮掩我无知的嘴唇

鸟、鱼、阳光

是鸟
借我以嘴唇歌唱

我走近泥土
就把歌声唱给庄稼
我走近森林
就把歌声唱给树木

是鱼
借我以鳍呼吸

我走近高山
就把呼吸传递给小溪
我走近大海
就把呼吸传递给江河

是阳光

借我以爱的根须

我走近诗歌

就把爱扎根于社会

我走近书籍

就把爱扎根于心灵

季节（组诗）

春

站成一株岸柳吧
看岁月如何滴下这翠绿
涤荡那满湖春色

爱情不会糅合
思念的痛
也不会因为春天的来临
而锐减

夏

桃花怒放时的喘息
跌落在树上
停留成画家笔上

一滴意欲逃离的泪珠

我
醉不成一处别人眼中的风景
就醉自己成一个
多梦的夏天

秋

红枫染过的日子
与挂在树上的黄柿
一起成熟为
一个收获的季节

还是那淡淡的离愁
更与秋近?

冬

一年　又一年
雪按时伫立在远山

那些被精心侍弄过的往事
又飞进了
谁家姑娘窄窄的窗帘?

关于童年

记忆是那么那么的少
十年的童趣
尽浓缩成一个白天和黑夜
白天是玉米、麦子、土豆
和一些食物　从各处汇集
当然还有老师、同学、母亲、奶奶
以及捉迷藏和玩游戏
也有好奇、惊吓和恐惧

夜晚是灯光、作业本、南瓜子
和在外筑路的父亲买回家的书籍
当然还有童话、幻想、孤独
以及自己与自己的对话
也有爱、苦恼和思念

流浪（长诗）

第一章　开花的铁树

一

让高山从我的脚下流过
细数山峦如念珠
让平原从我的脚下流过
抚摸大地如甘霖
让四季从我的脚下流过
聆听时空如冲锋的号角

我把所有的热情都奉献给上天
浑圆在上的天却不守道义
我把所有的豪情都奉献给地
荒芜的世界不明白善良的真谛
我要一步跨过银河
追逐夸父逐日剩下的神奇
我要让生命迸发出烈焰

焚烧世间所有的哀苦与不幸
我渴望离开空虚的教室
憋闷的气息让我快要窒息
我渴望背上破旧的旅行包
酸腐的课堂不如浩荡春风惬意
我渴望凭借坚毅的心去乞讨
某些人已然放弃的公平和正义
我渴望用自己的苦难经历
去赎回久违的慈悲和良善
我渴望变成一只干瘦的雄鹰
去继续流浪预约的行程

哦，流浪岂止是为了生命的适意?
流浪不是和风细雨中的旅行
这教室的空间太小
容不下大鹏鸟的翅膀
这教室的生活太单调
容不下强者的贪婪摄取
我渴望去重复流浪的痛苦
那里有“感时花溅泪”的辛酸
我渴望寻找一个真正洒脱的自己
那里有“恨别鸟惊心”的美丽

二

鲜花在春枝上绽放出笑容
喜鹊在楸树上为我的远行祝福
星星挂在天幕的中央
黑暗中为流浪的人指路
溪流在前面奔跑
山峦在身后追逐

所有的折皱都被母亲的手指理平
装入父亲曾用过的编织袋
所有的离别之痛都是对故土的依恋
我却决绝地要离开
我不能被心爱的姑娘的泪水
动摇了即将迈出的脚步
所有的行程都铺上了胜利的织锦
万物灵类聚赠我以勇气
阳光虽还躲藏在霹雳的背后
指引我前进方向的金色羽箭
也射向了四周山冈
洪水塞进旅行包以后熟透了思想
却无法在冬天冷却我的信念
—— 一副不弯的躯体就将诞生在这里

潮水涌动着羞涩款款而行
杏枝在微风里曼妙成另一种春意
美丽的荆棘映衬着潭水
马蹄的轻歌踏响了冬眠时仍未醒来的风铃
我就要起身从这浩荡的春风里出发
寻找被黑暗追杀过的光明

三

山冈如同黑暗中潜伏的巨兽
海洋好似张开吞天勇气的大嘴
即使宇宙的星空洒满辉光
漆黑的夜仍充斥着恐惧和狰狞

流浪的人在旷野中徘徊
盼望冰冷的人世有道德存在的尘埃
盼望困居岫穴的人能够暂避风雨
饿卧败草丰熟的阳光腾跃着男儿志气
夹竹桃在夏季来临前花红成海洋
那是流浪儿思想丰收的印迹?

你孤独吗?流浪者
你敢于和我一斗吗?流浪者
这是自然在向他发出的挑战
还是心灵瞬间产生的疑惧?

流浪者决心用生命抗拒
一切邪恶的事物将被它迸发的力量扫荡
迎来明天理想的荣光

天，高高在上的天在高空浑然不动
地，宽厚仁慈之地在地上默默忍受
流浪者慢慢睁开眼睛环视四野
寂静的星星正在努力淡化他的伤痛
峭壁上的珍兰飘来阵阵香风
他在万物的祈祷声中清醒
地面上的精灵支撑起他的残躯
西风掀开了他血染的衣衫
小河用最洁净的溪水冲刷他的伤口
蜜蜂将自己用生命酿成的蜜汁送入他的口中
蝴蝶扇起翅膀为他驱散蚊虫
一切的一切都在盼望着他的重生

一切悲伤都成为了过去
……

铁树开花了　花朵永放光洁
爱情生根了　人世间重新充满希望
流浪者，终归找到了自己游荡的灵魂？

第二章　爱的史诗

一

岁月的金光飞扬在窗外
缤纷的情愫如朝阳花开
白鹤用亮丽的翅膀在天空书写自由
紫薇用稚嫩的馨香植出满园智慧
东经有杨柳花意轻轻
北纬的杏雨蕊蕊浓郁
茂盛的竹林到处是芳香丽影
空气中飘荡着醉人的诗意

星星是天空最明白的眼睛吗?
布谷鸟的声音永远闪烁着老农的智慧
山顶上灯塔照亮的尘土
让储蓄已久的心愿终有生根之地

荒芜与繁华竞相争色
温暖的光普照了大地
新鲜的绿开始在春风里播种汗水
希望明天就可以收获今天种下的爱情
温暖的人生诞生歌谣
赤炽的真情滋长责任

利用雄鹰的喘息我们翱翔长空
利用烈驹的嘶鸣我们花开满楼

鸷鸟的翅翼与理想同在
石竹花在嫁接的枝头绽放青春
清冽的河水漱着树根美丽的梦幻
晶莹的雪花冰封住爱的永恒

二

天上的气候温暖如酒
天上的百花香气怡人
天上的土地富饶美丽
天上的山河透着勇猛的精神

给希望披上保温的晚霞
给叮咛的山谷吹去挺拔的骨气
给忠贞的爱情谱写出灿烂的歌词
让忧伤远遁世间只滋生美好

煮沸海水我也要爱你
气冲斗牛我亦不轻言放弃
即使震动大地的霹雳笼罩着全部的生活
我的爱情之花亦会开得自然艳美

三

疲惫的身躯曾被繁花所唆使
相思的雨从面颊流进心灵
跨进门槛的艰难挡不住想你的痛
生命张开臂膀等着爱的季节再次光临
爱的谎言屡屡被命运的无奈揭穿
金风中微笑饱含的折皱太多
大鹏的翅膀营养太少
托不住重如天宇的希望

彩云铺满苍穹　蜚声撑破了天幕
天使的袅音环绕
珠玉般的露滴
让白云从蓝天中垂下瀑布
昙花般的倩影　为何总眷恋着白昼?

初吻留于愈开愈瘦的野菊花
爱情是诗歌中最灿烂的明珠
袅袅娜娜的雨雾罗曼成云彩
诞生成心目中女神飞天的姿势
你将超越于任何关于爱的女神
即使是那远来的维纳斯
在你的光环下亦会黯然失色

众神面前她是只会搬弄是非的小人

梦中的天神将要降临
他把自己的灵魂用神弓射向你居住的小岛
我们的爱巢将建设在一条船上
所有的嫉妒和羡慕都从船外流走

每当黄昏过去月夜降临
或者黎明之后霞光会闪现
爱之神会插翅安然到访?
我们满载笙歌和星光的船啊
将在众神的拥护下驶向何方?

懒洋洋的风吹荡着桅杆上的帆
在雪一样洁净的海面
我们迎着朝阳将爱播撒到地宇四方
我们在森林中编织着美丽的童话
编织出一个美好灿烂的家
那是松鼠、麋鹿和孩子们的故事
人生的价值和生活的哲理全都在这里显现
这里没有人世的虚伪和人性的贪婪
童话中的孩子们并不幼稚
只不过他们更相信公平正义有一双明亮的眼睛

眼睛是人类最诚实的窗口
它能帮助我们看清事物的本身
我们把爱情放入它目及的视线
让她温暖的目光抚平旧日的伤痕

你把我的灵魂从卑微中转移开来
你用锁链拖住我的头颅逼着我向下看
所有的力量中爱情最不受束缚和阻挡
只要我认定你是我光辉的天堂
智慧和情感我都会毫不犹豫地敬献
人　不仅仅是为了爱而生存
为爱而生存的人胸怀大地

四

流浪的脚步有了温暖的家
美丽的姑娘居住在岭南的苍松之下
玲珑的八角亭是我们约会的地点
我无日无夜守护着我的女神
孤光中她妩媚的身姿依附在曲栏上

我的女神始终是那么高傲
她穿着绿色植物做成的衣衫
鲜嫩无法比喻她的肤色
明眸不足形容她的眼睛

玉石的光泽也不如她的微笑好看
神也认为她的美貌绝世无双

流浪俗世我与她渐行渐远
她对我的痴心还如亭前青松那般挺拔？
哪怕我乘风披雨飘飘而回
迎候我以她温暖怀抱中的全部怜意
她的脸颊布满露水
思念之柔情转瞬如银河决堤！

我将披风披到她瘦弱的肩上
冰冷的手指不敢去拂拭她的脸庞
我用冰冷的嘴唇碰触她的脸颊
将她的头靠到我的肩上
我发誓此次流浪归来便不再远行
和她相爱共守地久天长

第三章　跨出沉默

一

绝然抛下　重壳的身体
感觉四周空气沉闷
困惑的眼睛始终饱含着泪珠
虽然天空打开　正色的光照亮

宇宙非常地宽阔安宁

冬天只顾肆意自己的风雪
我却担心风太紧　怕有人感冒
纸裱的窗户关不住
瘦菊幽怨的呻吟　满空流溢
天空中的孤星忧郁得脸儿发白
冷月宫中杯盘狼藉　无声近
是否隐喻着那栖于桫椤树上的乌鸦
忌日将临

那些金色和银色的箭啊
可不要　把金乌的羽毛拔光
冬天很容易
将我们这群平凡的人
一同杀死

二

我死了　因为沉默而死
往日的朋友已离我而去
眼眶中没有半分哀伤的神情
城市的密码被牢牢粘凝
翻不开灯红　酒绿
轰轰烈烈的声响从爱碾过恨

又从恨回归到爱
经历了艰辛和磨难

忧伤渗入到血液　汇注到心脏
欢乐一夜之间都窒息而死
美丽的谎言被揭穿　撕碎
青春被泡进了罪恶的酒杯
嘲笑和诅咒都蜂拥而至

我听不进夜晚碎屑的咀嚼
唱歌的魔鬼挥舞着醺醺燎火
醉意踏响卡拉OK悠扬的鼓点
我不明不白躲在夜的角落

为什么不离开呢
为什么不在一双犀利的眼睛的背后
倾听眼角盈满泪水的整个过程?

嫉妒以母亲的基因遗传
流言常常随风而起

就以这种方式　就以这种心绪
任眼泪吧嗒吧嗒浇淋
这纷纷扬扬的雨雪霜花

就以我过早衰老而又年轻的华发
将天空划成一道道小溪
让牛郎织女迢遥时空
让他们七月七的相思
路过花的边沿被风儿拾起
从一条血管滑进另一条血管
奔泻出雷鸣般的声响

第四章　黑磨之歌

一

我的目光
到发白为止
我的躯体
灵与肉都化作白骨
心脏被透挤的空气腐蚀
流言不断　从心包膜外
注入生命

我的生命到底维系着什么呢
旖旎的夜风徘徊在黑磨上
梦想沉睡于水中
潮湿的鱼颜
亦被一层黑磨磨出的面纱覆盖

我从未睡去
毒瘤的肿痛阻止思想进入平静
孤独　这月的肌肤
这诱惑我的灵魂去撞墙的诗歌女神
让我头破血流

二

我也记得云雀在云端高歌呢
村舍旁的老磨房下
那些古老的流水　仍在
一动不动地流经我荒凉的心
我靠真实支撑　苦立于世
黑磨正在碾碎我的身体

那茅檐　那草棚呢
那原始的守夜人的火把呢
仿佛照着我是贼　一心想偷盗正义的贼
四周的阴暗都朝我压来
心脏一红一白地紧张收缩
那根牵着我动脉的绳子
静脉的丝线呢？
血液像是要奋力掐断它们的束缚
时间　你这安寝了的神
远离我　别盯着我犯罪

我死亡的血液会喷你一脸

麻将、扑克　形形色色的赌博
隔着一层薄纸　在我的心房的隔壁
射出一支支锐利的羽箭
我描绘不出事物的真相
只感觉　有什么东西怕我不死
雪悄悄地飘飞进我的心屋

三

没有人相信
时间会被一枚松针杀死
没有人相信
世界也许会被一泓谣言所淹没
我不动
坐在旋转椅上　任思想旋转
时间　这部装卸吊车
伸缩着巨臂　捞起了我心中凝固的血液
我的忧郁骑上鹿背
为了鹿茸而倾身前去

阳光　对我来说并非希望的阳光
黑夜　对我来说并非失望的黑夜
我颠倒的头颅

是非已经死亡
谁在怕鲜花还在露珠上就枯萎

名誉常来对我附耳倾诉
自私却躲在暗处悄悄发笑
我的甲胄被刺穿　伤到肠胃
我的白骨变黑
黑如一面黑夜的旗帜
我的手指　连着心的手指
感觉不到了体温的真实

不会　不会一口气吹破一片白云
吹破一块雨幕下姑娘的希望
那带刺的爱情　奉献给谁
谁都会感觉忧伤
爱情在天空的时候总是美好
跌落到地上总是骨损形伤

吟诗吧　诗是珠穆朗玛峰最高的石头
寒冷的冰雪　我不曾渴望过灵魂会在其间苏醒
梦　给我致命的一次玩笑吧
让我在肉体死亡前将灵魂升华

背后的伞包　被风吹远了

还未从飞机上跳下去
便如一朵白云从我的身旁飘开
我是死了　没有灵与肉
但我又存在　我歌　我吟
我在用什么验证着自己
无悔的誓言

四

苦闷和失望将鱼鳍改造成了发动机
什么时候可以用它离开人类呢?
在一副檀香木做成的棺材里
我用降坡泥塑造着新生的自己
嘲笑、风雨、哭闹声在棺材外面
我竟视而不见　听而不闻
我甚至听见多年不说话的石头也在哭泣

许多美梦　垫在我的躯体之下
我渴望的我祈求的
我没有理由不吸收的一切梦想
和一些同我一样孤独的灵魂
在我身躯下的世界里
开始安详地等待　茁壮地长成

小草呢　枯叶呢

它们在收集一切与复苏有关的火与光
在我脚步遗失的那块土地上

我的从留声机里过滤过的声音
终于如春天的惊雷悄悄回归
击破了所有过往的欲望
连同我的思想
我要用一百年来再造
诗　你这爱情的骗子
别以为谁都会相信你的虚伪

五

岸在哪里?
万能的岸
回头的岸
你在哪里呢?
我的灵魂在迷津中沉沉浮浮
谁指引我渡过那骇人的险滩
引我度过这黑磨制造的黑暗

我的锋利无比的心呢
我要用它去战斗
刺穿每一个人的心灵
抗击任何物欲的硬度

那些将我心浸制成标本的甲醛液呢
我的眼泪受阻于泉眼
空气从雪山的四周围绕上来
我要用它替我保持住眼睛的本色

六

我们怎会盼望着光明却又坚守着黑暗?
行为与理想在燃烧的玫瑰里集中
结穗的灯芯是否感到过呼吸困难
掉落到地上的时间和金钱
没有正义相伴　会如瘟疫般在腐烂的鸟尸上栖生

我们的脚踏上每一块蓝天下的道路
如一条弯曲连绵的思念
从一个老人的指间化为灰烬
我们不知道世界如何演变
世界已无法自知

畅愉的臆想　绝不可能
在干涸的黑暗之中生长
而历史终将证明　正如一只讨厌的黑乌鸦
它对死亡的判断公正无误

我重复做着一个相同的梦　缈缈天宇

紫色的宫殿　穿着红衣的君主
给下示谕：人类的欲望超过了科学发展的进度
如不节制　将毁灭掉人类自己

第五章　嫦娥

已不是
昨天的月儿
孤寂的星空
请给我视线上的那份落寞
点一支烛光于心
灵魂的道路上铺满瓦砾

在阳光不尽的树梢
在牵着我苦痛的背影里
有人偷偷地射出了一箭
那箭尖上锋利无比的笑容呵
世间再无苦痛可比

已许　你不知道
你催促我离开之时
那些带不走的行李
和行李中存在的记忆
正如世上最残忍的毒蛊

咀嚼着我对你的思念

给我吧　相映在泪水中的笑容
金色的太阳只有一个
只有一颗正直的心还活在这世上
让我溢满忧伤的情绪
给我吧　我真诚的吻
我用生命和树叶生产同样的氧气

那时　我曾经拥有一束
塑料制成的玫瑰花
花间竟有狂蜂乱舞
给我吧　那些不名一文的承诺
变成风一吹而尽
如漫天彩蝶纷飞

我尽量地走在时间之前
让爱在你身后紧紧哭泣
给我吧　我美丽的姑娘
我的一生一世的女神
至今仍玉洁冰清的身体
以及聪慧圣洁的心灵

刺入我指间的绣花针

请你派身边的兔子给我送来
请用思念穿过针孔
透过生命链接到我今夜无梦的睡眠中

我记得你是曾经爱过我的
我记得你的心仍在我心脏旁深深哭泣
怎么一瞬全忘了呢
所有的山盟海誓都遗忘在了吴刚守着的桫椤树下？

那你的爱算什么呢？
像一株根浅的小草
等不到春天的雨露？
还是像一个没有结局的故事
无需构建铺陈

给我吧　爱　哪怕死亡也好
不要让失望抬头
不要让思念加重

我醒来之时
那些天空中星座的光辉
那些嫉妒的脸庞
为什么不笑呢
为什么不充满怅惘

我听不懂也看不够的你的笑靥
此刻却如此阴冷

我跨过原野
在篝火旁展读你的容颜
让我读吧
让我读吧
读你的冷峻及无情
如此倒好
而我为什么偏偏读到的是你的微笑呢
是你的柔情呢　是你的爱怜呢

那些像山泉一样清冽的妩媚
那些像朝霞一样柔软的低语
那些守在你窗前的祈祷
以及小路上和睡梦中的祝福

告别是很艰难
艰难的告别才意味着深刻
发生在你我之间
有什么不可以比拟成忧伤的呢
别用书写书信时的涂抹剂
涂去那份人间最诚挚的爱情

第六章　精卫悲歌

题记：热爱生活，却又被生活悄悄抛弃

一

我喜欢海
喜欢轻舟横卧的金波
那些水手们手心仍然炽热的余勇
正将晚舟归载

月、水鸟、翠峦及晓雾
糅成海最静谧的温柔
让我在它的波心中飞越
我的眸光
映衬成它蓝水中的最贵的云彩
在微微波澜的脉冲处
舒卷我初朴的笑靥

那半空垂落的风雷
那海底倒挂的波澜
它们越过了我的头顶
在浪与浪之间
我挥舞着翅膀

与大海嬉戏

我厌倦生活的平静
我要与大海做游戏
我要微笑着冲向高高的天空
回眸落在大海怀抱中的惊魂

二

海　你为何变得狂暴起来了呢?
爱的忧愁点染了你的空灵?
我记不清了
遥远的声音依稀如梦
那是发自我高贵的嘴唇呼救的声音?

我是帝之女娃啊
我怎能向海发出卑微的求救
我愿意在这狂暴的浪潮中死去
让海用泡沫包裹着我的身体

我快要死去　忽然想起
淹死我的海啊
是炽爱过我
并且也是我炽爱的人啊
我们曾相约相守一生呢?

快停住吧　海　我的爱人
快将触顶的风雷截停在空中
快将掀起巨浪的地震永藏在海底
快让悬空暴涨的海水止住脚步
所有的那些想危殆我生命的帮凶
都让它们快快离开
或助我停止爱人对我的袭击

我的头颅也被海水淹没
我的眼睛也染上了水的蓝色
我的嘴唇也发不出声音
只感觉海水咕咙咕咙

算了
所有的后悔都也来不及让大海听到
只感觉到水的喧嚣　以及
洄游的鱼群及海底中精怪们的嘲笑
但我仍然要向你诉说　海
我爱你胜过爱自己

三

月啊　你这爱情的和事佬
为何你这时才露出狡黠的目光
在死亡即将到来前
才将我对大海的情意和盘托出
虽然我此刻偎依在他宽阔的怀抱
虽然他会为我的死亡而忏悔　哀悼
可你　为何不在他铸成大错前阻止
至爱对我的狂暴？

好吧　我不再说话
潇洒也好　痴情也罢
已将过去
我已不怨

但如你知我爱你
并不为我的死亡而忏悔
我将永生飞翔在你的海面上
衔来枯枝和石子
填满你！　海

辑二

思想这东西
不过就是灵魂被现实
一次次地捶打、拷问

红蜻蜓

随便一条弱枝
便够你栖息一生

叹息过生命的短暂吗
在阳光里
随便一次飞翔
就是蚱蜢
一生也飞不过去的距离

凝望

无需把岁月的沧桑
写在脸上

慈祥的目光
总看见成群的鸟在天空中飞翔

那就忘记一些年轻的梦吧
回归这土垒木塑的山乡

雪舞精灵

将心事放在啄尖
将理想收藏于胸郭

无需悲壮
在呵气成冰的冬天
你用颤抖的翅膀
托举生的气息
你用冰冷的嘴唇
搭起与天沟通的呓语

西部山村（二首）

心事

只剩下树林和鸟
只剩下房屋和粮食
只剩下黑夜闯入苞谷林的野猪
以及会自己说话的电视

西部山村像一间木屋
更像一把锁
锁住老人和孩子
装在衣袋和书包里的心事

西部山村

在山的怀抱
水的臂弯

高树掩映　秋枝横斜
乡村以热情的姿态
张开欢迎的怀抱

爬上熟透的柿子树
摘一些适意
把心怀装满

瓜棚下的小鸡
池塘边的白鸭
谁在野草绣缀的田塍
用一串火红的辣椒
将秋天挂上了房檐

睡在幽静的木屋里
做一个好梦吧
除了西部的山村
不再有梦想存在的家园

致中国杉王

听说只为了一个梦想
你就在风雨中苦苦等待了八百年

听说只为了一句誓言
你就在这空山之中
站成了一道壮丽的风景

知道你有你的痛苦
再多的名声
也不可能让你成为支撑大厦的巨柱

知道你有你的无奈
即使再站一个八百年
也只能是别人眼中虚无的画幅

爱是一坛窖封多年的老酒

爱是一坛窖封多年的老酒
当我们用时间这酒杯
将昔日的恋情　斟上

翻开过去的日记
读那些用生命写下的
美丽动人而又充满忧郁的诗句

当我们再次
坐在洒满银灰的月光的窗前
注视彼此已经失去的青春的容颜

亲爱的　你知道吗
我们品出的不是别离的伤痛
而是随时间的流逝
与日俱增的芳香

贴在草径上的痛

一个人静静地
坐在枯黄的蓑草和落叶上
想一件很久很久以前的心事
草慢慢长出了新的芬芳

秋天从未如此漫不经心
从未如此漫不经心地剥开
枯草上那颗挂了一宿的露珠

悄悄地　你悄悄地
从林边的草径上滑入我的视线
那对湿漉漉的眼帘
扣上了一夜未眠的思念

我多么想直起身子
直起身子看你走到最近的距离

眼泪却不争气迷糊住了双眼

用手揉揉　再揉揉
看到的却是风吹动路边的野草
路边的野草一直在摇
有一丝疼痛贴在上面

痛过后的我却想不起
想不起是不是在昨夜的梦中
在昨夜的梦里忘记了想你
昨夜的你　遗失在了哪里?

苹果树下

儿时的记忆
总挂在老家院坝边的苹果树上
最高的那枚青苹果
总让我带上伤疤
为了孙子的梦想
年迈的祖母
总是在大年初一春天来临时
将年饭煨上

十年后
院坝边的苹果树失去了踪影
就像儿时最好的伙伴
离开了就再无音信
我今天站在旧地
想象着我仍站立在儿时
老家院坝边的苹果树下
脸颊却流下了思念的泪花

想你的时候

——唯一一首写给父亲的诗

想你的时候
我站在棕树下
想象着像别家的孩儿
踩上父亲的肩头
摘棕树上金黄色的棕包花

想你的时候
我站在池塘边
想象着像别家的孩儿
站在父亲的对面
追赶十数只叽叽呱呱的麻鸭

想你的时候
我会走上你回家探亲时走过的田畦
在狭窄的田埂上

一步一步

重复着你的脚印

我是一株平凡不过的野草

我是一株平凡不过的野草
长在贫瘠的山岩
只要给我一些空气、阳光和雨露
我就能健康快乐地生长
不需要特别细心地照料
殷勤地施肥
我会安享于这深山的宁静
秀绿色以大地

我是一株平凡不过的野草
长在游人如织的路旁
我不在意路人的践踏
更无需众人溢美
也不在意成为牛犊的美味
只愿你经过我的身旁
没有歧视的目光
我便会对生养我的土地充满敬畏

树及其他

孤独地站立在岸边
守护着一溪宁静山水
任岁月沧海桑田

既然生就一副铁肩
就该担取道义

只有把根扎进土地
站稳了身子
枝叶才能向天空伸展

菊花吟

开放那一刻
热情　奔放
凋谢之时
亦自信　从容

高原上的野鸟

——出任生命之本性，飞出世俗之尘埃

我是一只高原上的野鸟
在风雨中成长
狂风锤炼了我的翅膀
闪电铸成了我的胸膛

我磨炼意志逆困前行
我坚定信念迎难而上
我不怕世俗中有一千双嫉妒的眼睛
也无惧被积毁销骨的谣言中伤

我召集好了一生中所有的勇气
随时准备与坚强一道前往
如果，我的前路
注定是人生最惨烈的一处战场

我在春天里待得太久

我在春天里待得太久
风霜不再凛冽
疼痛不再斑驳
曾经难忘的爱情
怎的失去了那丝残忍的血色?

我在春天里待得太久
意志长出软骨
理想淡出视线
曾经伟岸的人格
怎会忽地没了支撑的骨骼?

独石溪

忘记来路
亦不计坎坷
只躲在这空山幽谷中
任蛙鸣、任蝉语
任千载溪谷
绎世事荣枯

我当如溪中独石
只把脚深深插入大地
方能观一世寂寞
守一生孤独

给女儿

题记：女儿十一岁了，生日即将到来之际，父亲为你写下这首诗，愿你一生快快乐乐！

孩子　你是爸一生的希望
如果没有你
我的天空会充满阴霾
生活不再有生机
我会一生痛苦
破茧成蚕
也飞不出孤独的那一片天地

孩子
我想为你搭一片干净的天空
让你无忧无虑地飞翔
想为你写一本诗集
记录你一生成长的经历

孩子

我愿穷其一生

为你遮风　为你挡雨

孩子

自从你来到人世间　是你

成为了爸爸“炫耀”的资本

孩子

爸爸此生注定

没有财富留给你

只留下一颗良心

一些善良

几许公平和正义

你要好好珍藏

它会是你成长的阶梯

扶贫手记（三首）

隐痛

在素笺上勾画的
那些深深浅浅的细线
会吐露出我内心的忧伤
存放在深处的思念
寂寞成了土地里的乡愁

过去了的　就让它过去吧
光阴也好　思念也罢
还有一些
是无人时　才可以从胸口拔出来的
隐隐疼痛

山路上的孩子

我丈量过你们的身影

拾掇你们掉落在山路上的笑靥
那些个童真
如果不是从树上飘下的红叶
就是我年少时残存于路边泥土的记忆
我会被它美醉这一个秋天

可下雨后在上面行走
那些土路带给你们的
裤管上的野草籽和露水
以及运动鞋上厚厚的污泥
化作了一纸　作为帮扶干部的我
写给县乡扶贫攻坚指挥部
修路的申请!

电话那头，记得叫我兄弟

新房造好了
以前泥穿壁漏的茅屋
现已变成了砖混结构的平房
不再让你每逢打雷下雨天
为住在里面的亲人受怕担惊

你心心念念惦记的公路打通了
泥泞的小路变成了四通八达的路网

宽阔平坦的水泥路直达你家院坝
政府补贴的几头小猪也上栏了
它们在干湿分离的猪圈中快速成长
你的老伴和正在上小学的孙子
用上了可以视频通话的手机
他们已商量好
每周与你和你在外面务工的儿子儿媳
各通一次视频电话
叙说他们在家里生活的各种讯息
也了解你们在他乡工作生活的情况

去年你与众多工友坐上客车离开家乡
奔赴政府为你联系好的工厂务工
你说“党和政府帮助我脱了贫”
你今后要依靠自己的力量
画好自家的小康画卷
把对党和国家的感激
变成全家实实在在的幸福生活

我无法将诗与远方与你联系在一起
只想对你说：
电话那头
记得叫我兄弟

且用我今生所剩的日子
换你怀想爱情的余年

且用我今生所剩的日子
换你怀想爱情的余年
二十年时光
可完全贮满相思的深壑
二十年的思念
可换你二十载痛苦的追忆

亲爱的
什么都不用说了，今夜
风这样清
月这样白
就让两颗曾经相爱的心
紧紧依靠
就让所有的往事
都成过去
就让彼此无间的亲密
再回到从前

近距离感受秋天

抓住树枝的手指
就像攀附着逸岩的小树
测试着自己与根的距离

胸口贴紧枝干
就像流水经过土地
把人与树融于了一体

河流污染　森林失去庇护
阴霾笼罩大地
生生不息的我的祖国母亲
你经历了怎样的伤害
要我们如何保持沉默

无喜无乐　无哀无愁
看得透繁华

耐得住寂寞

方能证明我心

是耳鬓厮磨过的寂寞

沉着而舒缓

就像眼前飘过的落叶

向西，向西

向西，向西
西方真是极净乐土？
能口吐莲花
脚长智慧？
西方真有
能净化心灵的《圣经》
洗去污垢的上帝？

而一叶青草，一条枯枝
一泓清泉，一抹残阳
或者一行文字，一声呓语
智慧之门
就着万里黄沙，由此开启

我后悔，三十年前
赤脚流浪时未曾至此

烈日下，将善良

贴着戈壁滚烫的黄沙熨烫

也至，今天

仍有俗念在身体中疯长

剑门·蜀道

那道，锁我于关内的关
就矗立在我的眼前
那条，阻我于路上的路
就横亘在脚下
那个想改天逆命的人
试图以一条蜀道
牵制住百万雄兵
奈何，天命不在蜀汉

站在剑门关上
我想手持一杆长枪挽一轮明月
荡出我胸中的豪气
走在艰难的蜀道上
我想俯瞰一次急切奔涌的河流
看河底江山隐藏的
《三国演义》那一世传奇

兰州·黄河

万里奔腾的黄河
为一睹你的容颜
我坐在兰州的岸边饮酒
把你的咆哮姿态倒入我的酒杯
我看到酒杯中的河水
竟然是我身体里流动的血脉

我将酒杯虔诚地举过头顶
竟然发现倒入我头颅的
是我民族的根与魂

嘉峪关

滚滚黄沙，亘横丘卧
胡马们悲壮的嘶鸣
在遇上这座顽强的城墙前
如此不合时宜
挡住了我内窥历史的视线
城外，戈壁无垠

不到长城非好汉
到了长城又如何?
长刀与弓矢
就能将民族的自尊自信
牢牢地锁在这戈壁城墙上?
而要建立我民族心上的真正长城
还要包括整个民族的气度
文化与理智

破城子

起于一抷黄沙之间
你用耐旱的植物
垒起一个有历史意义的城郭
城墙内外阳光炽烈
如一只长于沙漠的刺猬
沙土上歇凉的蜈蚣
是它最丰盛的晚餐

那么，古时在此屯兵的将军呢
他的营帐外只有夜晚和明月
还有一些起沙的风
与那些个长英雄气概的美酒一起
构建出眼眶中的泾渭分明

榆林石窟

喧嚣过一世

沉默了千年

车过榆林

我走向向往已久的戈壁沙漠

笑问沙漠深处的古窟黄沙

与我一样

还有多少寂寞可以珍藏

瓜州·锁阳城

我被文学实实在在误导了一次
王安石泊船的瓜洲
如何到了这大漠塞上?
薛仁贵守护的大唐
葳蕤这般
怎会深入这不毛之地

关山如月，入梦冰河
千年往事沙尘中
今日踏残痕，或为挥金戈
胸中顿有豪气!

远方的诱惑

日落于长河的哪一段
春江潮生时是不是一定有明月悬空
春风为何又
度不过纸上的玉门关

在嘉峪关城楼上
我的视线看不透千里黄沙
却见戈壁横亘
锁住了天地间一瞬温柔

似乎眼前呈现未至的光明
却是不可触摸的迷糊
能否把功名看得淡一点再淡一点
能否让真诚真一些再真一些
能否让亲情友情爱情深一些再深一些

忧伤如炙热的太阳
在我的耳畔在我的发际在我的皮肤上
灼烧

绑腿

一条绑腿
撕成两片
从老大姐蔡畅的腿上
转了一半到你手中
这就是一九三五年
遵义女子李小侠
参加红军时得到的全部

我没那么虔诚
也没有眼泪流出
就只不过是
对一个历史事件
忽然有了新的感觉

我的忧伤都是孤独的

我的忧伤都是孤独的
它常于淡淡的黑夜中翱翔至太空
寻找曾经熟知的记忆
那是少年时与发小搞笑的纷争
还是与情人生气时的转身离去
是离开祖母怀抱的依恋
还是将宝贝女儿举过头顶的快乐？

都不是
是为了人生的正义
和家国大义

我也一样走过了春天

春风在门口招手
如那口齿不清的孙女

我套上胶鞋
再去纸箱中寻找竹杖
攀于山路
想路遇黄州的东坡
是否也可以与大诗人
一起春风浩浩?

从箐山之巅的桃天到樱花网红街
我寻找着那些年轻的喘息
挤过接踵而至的人群
去触碰春天的鼻息
看到瓦青色的天空
荡开了繁华京都独有的雾霾

忽然想
哪里才有诗?
哪处清风中　遗落有
那些全盛时期的才子
体谅不到的悲哀与才情?

沿着众人走过的路
让思想重走一回
仿佛看到那过去了的人生
生命中已有的高度
只不过是　田野中那只独游的草鸡
怀揣过的一个飞过矮墙的梦

我的耳朵再次鸣响

我的耳朵再次鸣响
是因为我的灵感再次被截断

我的智慧枯竭
是因为我的孤独已用完

我努力找寻失去的自己
是因为心中的理想从未放弃

江河如此奔腾
小溪又怎会知其所以?

怀念我的洋芋

你没听见过这么土的名字入诗
一如你从没有看见我这么个不自量的人
总想在笔记本或电脑上敲几行诗句

我确实怀念我的洋芋
和那个与我一同坐在火炉边吃洋芋的人
那时已是春天草长莺飞
那时煨熟剥皮的洋芋也是白白净净的
那时也是用折耳根蒜泥水和盐做配料
不同的只是那时没有地沟油
还有就是青春中充满激情与浪漫

当然，我忘了说还有爱情
简简单单地生活真真实实地相处
加上眼前诗书与视线远方的叠韵
成为了我对洋芋怀念的注脚

我担心

我担心，春天的人做着秋天的事
（本该播种却去收割）
我担心，阴爻老去占阳爻的位置
我担心，不遵从自然法则
世事也如人心处处难料
一切都刚刚好
蚀刻了我用草根养殖的好胃

童年时光

你怀抱气球
也怀抱着童年的梦想

你是故事的希望
也是希望的故事

你的梦在气球外
理想住在气球里

你不懂得渴求些什么
梦想的世界是十分干净

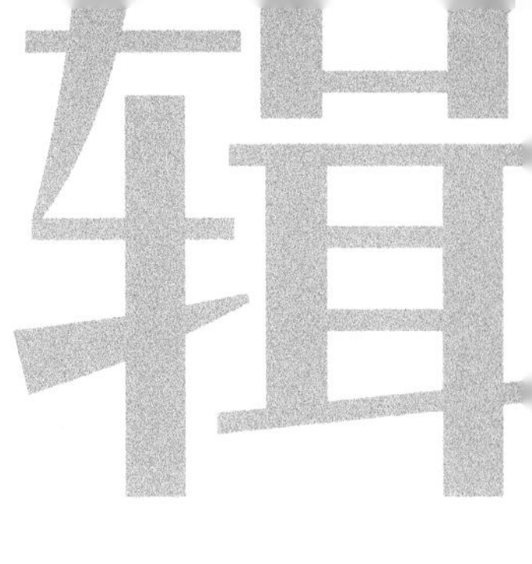

辑三

没有愤懑和鞭挞
诗人就会失去创作的原动力
而不能平息内心的怒火
诗歌便找不到思想爆发的着力点

中秋

广寒袖舞
此刻
万媚生的脸庞回眸
又盯上哪株挂着欲绝心伤的树?

桂穗添香
此刻
弄痛我心房的那个词
又沐浴着世界哪片柔柔的月光?

瞳

怎样，用一丝微弱的光
透过眼帘
厘清另外一副面孔背后
事物隐匿着的真相

怎样，用一缕褪去热情的回忆
拨开诗歌
夕阳滑下山坳瞬间
古道西风一地残秋的怆凉

怎样，用你温柔且善良的心
护住满目盈眶的泪水
让思念在瞳中慢慢生长

静夜记

今夜　我无限接近
思念你时心的位置
在心房的隔壁　时间重置
一张不被爱伤害到的网

那些流成河流的思念
日夜碎了记忆的尘埃
是否　该把它从网中取出
收纳在吴刚伐倒的桂花树下

多年后　如何
裁切一段曾经的记忆
晾晒在今夜月光中
观察到的秋虫翅膀振颤下
爱情呈现出的变化

戈壁母亲

大漠孤烟，恰似你坚强而纯厚的背影
长河落日，难舍你青春而柔美的容颜
戈壁母亲，你的身世和成长的经历
我是从一个叫“哈密”的女孩口中所了解
你的伟大，我是从沙漠的地窝子里看见
在曾经寸草不生的克拉玛依
在父亲的粗粝性格的形象面前
八千湘女，来自城市的你
后悔过吗？流过泪吗？
我怎么在白碱滩的碱水里
看不到泪水流过的痕迹
那个叫“哈密”的女孩说
我们有今天，是因为有人在为我们负重前行
她说的那个负重前行的人就是你么？
也许你对党的信仰，对人民的奉献，你对祖国的忠诚
也融入了戈壁的每一粒沙子

也许你正在塑造一代又一代不屈不挠的戈壁精神
你的坚韧和宽厚哺育着十数亿中华儿女
你的恩德可与天山之上的瑶池圣母比拟
曾经，你的远行撕碎了少女时家的骨肉亲情
你怎么也想不到，青春亮丽的梦想
竟交给了地窝子里那个一年很难洗一次澡的父亲
那个你第一眼觉得只知劳动不懂浪漫的军人汉子
他是否用一身钢筋铁骨
在茫茫荒漠中为你筑起了一堵挡风的墙？
不，是你与父亲一起
为这个国家，为中华民族
挡住了西来的狂暴尘沙与凄风苦雨
你们中的每一个，都是我们全体中国人的
母亲！
而今，你们含笑在戈壁滩上
母性的荣光却辉耀着整个中国大地

天地无忧

如何，剪一片天山飘落的云霞
于各民族兄弟姐妹之间护住良善
如何，裁一段温润如玉的昆仑山脉
挡住域外西风中那些不怀好意的风沙
如何，将写诗的笔植入净土
从此，在茫茫戈壁上长出神州盛世繁华

库尔班大叔的经历
王大胡子的雄武
西部歌王的优美乐曲
正汇成，各兄弟民族的紧密团结
抵御大西洋彼岸
西风吹来的渣渣？

不信你瞧
大西洋里积攒万年的狂风暴雨

一路肆虐到达天山脚下的赛里木
也只能成为一滴美丽的眼泪
供伟大的中华民族和外国朋友
观赏！
那时的我，是不是貌美如花？
——今天的我
蝶变成，壮志天涯

今年冬至

我忘了
准备棉衣
忘了
怎么将金黄的柿子做成饼
做越冬的口粮
但红军没有忘记
此刻，他们正行进在去湘江的路上
去四渡赤水的途中
他们也许不知道
从死到生的过程
他们却明白
由生到死的痛
记者节——不要忘了鲜血与红色
那是我们的魂
特别是习水
红军洒下了仅比湘江少的血

红军魂

八十五年了，让我记起
萋萋芳草
何时染上了金黄？
秋风无语
却悄悄落泪
从湘江到乌江到赤水
红军的魂落到了何处？
遵义说
在凤凰山
习水说
在赤水河
一波一波的红波哟
哪一个潮头
不是信仰？
哪一滴水珠
没有被血浸润？

长征从这里走来

长征从这里走来
青杠坡
你哭泣的雨
改变了气候
改变了土地
四渡赤水
从　青杠坡的山头
从战火熏黑的青枫树上
从红军倒下的遗体
出发了

长征从这里走来
从浑溪口的木船上
从土城古镇的门板中
从木帮漂流而下的木排
从火星山下

人民群众的仰视和哭喊中
走来

长征从这里走来
从马蹄坳
从铁厂
从扎西、太平渡、二郎滩走来
他们把生命扛在肩上
他们把信仰贴在胸口
他们从马野沟、土地坝、回龙寺
从土河走来

长征从这里走来
从梅溪、吼滩、官店子
从军委纵队驻地
从领袖住居
从红军总司令部的命令
从总政治部的文告中
走出了故事
走出了道路
走出了天地

孤独的鸽子

我不知道哪一天
再来看你
下雪了
看着漫天雪花
我竟忘了
那本旧书
翻到了哪一页

我知道你饿了
几天未进食
我知道你冷了
羽毛上有霜花
为什么不去我给你搭的小窝呢
不生火，没门帘窗帘
你也可避避风雨

你的脚还痛吗?
那条毛线
勒进了你的骨髓
勒进你一生的记忆
我却只能流泪向你道歉
说声对不起
我当时真是要你的
命
却又希望你逃离
放你入纸箱那刻
我生怕你哭
却转过身悄悄抹泪

菜场杀鸡的尖刀
从你的颈脖晃过
那寒光如今夜白雪
还好
你的血没淌滴进雪中
我看到的仍是片洁净

但我们仍是无耻的刽子手
你的兄弟姐妹的血染在我的手掌上
永远也抹不去
直到我生命的终结

冷

我走过最难的路
却走不出冬天的孤独
虽然
温暖环抱着我
季节的顶峰
却一再又再
让我寂寞

假如

假如
人民不会忘记您
您带血的刺刀
仍有火焰
假如
历史不会忘记您
青杠坡上仍
响着旌旗
火啊
你烧得尽青杠坡上的野草
却烧不完中国工农红军的信念
那一杯土城千年酿成的红军酒
正唱着一江春水向东流
向长江
奔去

新疆有感

——写于新疆旅游的途中

让大漠的风沙
再壮一回青春将逝的胆吧
让昆仑的冰雪
再洗一次快被污损的灵魂

从喧嚣的世界退回到诚实的孤寂
唯一能做的
是头枕三十年前流浪落下的旅行包
沿着生命的曲线走下去

偶尔，风景会跃入颓废的眼帘
那些站立在沙漠中的孤寂的树
似也有了时日的沧桑
在秋天的深邃目光中
对偶然闯入的孤独的灵魂说

你来，我便入你画

草原上
那些未被牛羊啃噬过的野草
在疼痛来临前
让故事随便铺了一个下午
谁却在赛里木湖岸的野草间
用一袭红色丝巾
迷住了我的视线

夜近，下车
躺到秋风肆虐的旷野看星空
新疆的明月
应照彻了天涯吧
却照不见别有用心的人
他们心中的灰暗

更深，躲进旅行社安排的房车
关上风吹来的窗户
新疆的胡杨
不会让黄叶落尽喀纳斯的秋风吧
不让
随伊人惬意了一把青春
被随便扔到

天山以外的峡谷

如果无尽的美境让我陷入迷糊
不小心睡过了停靠心灵的车站
请把我丢在天山
丢给禾木挤拥的羊群吧

那天，夕阳未老
诗歌带着微笑
在田野里奔跑

暮秋之殇

（兼作《殇》插曲）

秋风吹散了秋风
寂寞抱紧了寂寞
思念的影子刚落下
爱便从暮色中隐退

我忍住胸口沉重的呼吸
却忍不住内心的孤单
怕秋天也沾上愁绪
更怕惊醒你沉睡于心的忧伤

即使聚集起我今世的全部情感
也挡不住这漫天风雨
如若这世间最耀眼的爱情是灰烬
我便是在灰舞的风中　依然爱你

寂悸

我，惧怕黑暗

又盼望黑暗

我向往光明

又惧怕光明

我喜欢热闹又想寂静

我胆小又想大步前行

……

春雷春水及其他

风停雨歇，走过生息暂停键
按下的河堤
甚至春雷滚过的所有大地
找不出一片脚印
来描述谁家的春风十里

春水满河
冷过了一秋一冬的河流
享受河床暴满的酣畅淋漓
恰如那漫漫人生中领略一日之快意

没有昨夜那雷霆震醒的倾盆大雨
没有众山众水汇聚
没有无数枯燥日子中的厚积
岂能一夜，澎湃成一泻千里

人生何必在乎际遇

心安处，即风景！

韧者终将前行

有什么走在光阴的前面，把背影
留给回忆，有什么落在夕阳的
背后，把余生焐得更炽热

有思念，落在那湾荡漾碧波中
吐露情丝，牵扯出一世你我皆
熟知的爱恋

有往事长出翅膀，把理想举过
头顶，将年少贴在古老的城镇
乡村及行人走过的路边

有一些尚在征途中的人，目的
明晰，前途并不艰难，并不会
风雨到来，就选择退却

亦有伤悲，人生旅途，有些
要好的朋友，还没有到达终点
就慌忙卸下行囊，中途离去

土城，土城（组诗）

落妹垴

那块要命的巨石藏匿在蔡家沱河底
曾经它突兀在赤水河河面上
先将一河河水碾成了百米长滩
最后跌落成一挂瀑布的壮美

那时　纤夫和船工们却无视这美景
背着长长的纤绳　与沿河而上的盐船
在落妹垴　伫立
聆听　情妹落水时的声音

九龙屯

一登高　腿肚子便软
腹收紧　心便要跳出胸腔

站在二屯的石头上
张大嘴呼出口口浊气
顿觉肺叶变得阵阵清凉
最明显的反应
还不是身体
登上九龙屯
感受这千年古战场
手在石壁上　摸着的是智慧
瓦砾中却藏有些许悲凉
而藤蔓与荒草
则栖满人生金色的辉光

三角梅断想

季节只在季节中守望
时光也只在时光中徘徊
我们其实
什么也猜不着看不透
爱、亲情、名利及地位
更不用说生死
要不，就用几枝热闹的三角梅
和着夏天对生命的热情
表达我们此刻存在的意义

青杠坡

花，残了心底往事
月，枯了旧时悲伤
他日千军都归于静寂
空留惆怅，诉与山冈

抗日烽火起，兄弟阋于墙
汉时燃萁煮豆事
民国又痛上心肠
无关主义，不言信仰
此处葬着的
都是华夏民族的忠骨儿郎

砾石

一个哲人　走到河滩
脚下的砾石引起了他的沉思
多么光洁而漂亮的砾石啊
有着怎样的美与价值
每块砾石的背后
又有些什么惊心动魄的故事？

或许是一次无法抗拒的灾难
自然的力量将它与母体剥离
或许是人类为了自己的欲望
用炸药或机械力量将它炸裂或切割
或许只是一只调皮的小动物
跳跃时不小心将它踢下了山崖

巨石敲击脑袋　洪峰推动它的身体
无数次走走停停

砾石们被河水从万里之外带到了这里
那些与母体剥离的悲哀
与兄弟姐妹骨肉分离的惨痛
早已被波涛带进了大海

河滩上的砾石数也数不清
每一块砾石可能都谨记着自己的来历

往事都是通向时间那条线段上的珍珠
砾石都经历过洪峰的冲刷和摔打
我并非抱住过去不放的守旧者
但需剥开事物坚硬的外壳
以真相香甜渴望着的灵魂

巷弄

或多或少，古镇都有一些巷弄
巷弄里都有一些丽人的影子

有人在巷弄中追寻往事
往事如歌飘进巷弄中我的耳朵

我俯下身子去抚摸巷弄中的青石板
石上的青苔告诉我一些古镇千年前的秘密

草鞋与官靴、汗衫与裙裾
盐巴买卖和船工号子里藏着才子佳人

当然，在土城古镇的某一条巷弄
还有毛泽东、周恩来与朱德走过的影子

这影子居然
悄悄地改变了国家和民族的命运

忽见往事

忽见往事
还藏匿于今日的草丛中
蛐蛐的叫声
还在家门前的矮墙上
在两条旧板凳之间
还在泥墙上挂着的那件蓑衣
以及董永企盼七仙姑的梦里

如果还有田埂
还有小雨
还有那头一步一悲伤的老牛滴着泪
而我们想用稚嫩的手臂卸下它脖子上沉重的架单
我们便又回到了童年
回到了奶奶的膝下
听奶奶替我们剥瓜子讲熊外婆的故事

夕阳落下

哦，夕阳落下
只成一条发光的细线
我发现自己的眼也眯成一线
在土城的夏天

故事就是那一脉远山
它悄悄地等待着
夕阳从那里落下

三角梅的色泽成为背景
成为四渡赤水的一朵浪花
成为英雄故事滴下的一滴血
成为中国历史不可忘却的记忆

我在土城，在赤水岸边
望着此刻已波澜不惊的河水

听百年前故事

自信的欢笑以及悲苦的呜咽

背对涛涛赤河水

我想百年后，谁会怎么面对

青杠坡那战火硝烟濯过青枫叶上

那一滴随雨水和血液

滴下的

泪水

荷记

谁掖一世情缘
于摇曳的荷叶

抵达爱情的路途
从来纷繁而复杂

诺言　简而似水
或许就隐于那株
风雨洗沥的残荷之下

羊角花

（《殇》插曲歌词）

是谁，站在那巍峨的岷山
对着静谧的溪谷深情呼唤
直至落日没入了山坳
觅食众鸟回归到树林

是谁，手持那一抹艳红
将那个血色信仰抹上峰岭
直至江河不敢再回头
索饵鱼群洄游于若水

是谁，唤醒了醒而未醒的梦
告诉我那个关于羊角花的秘密
如果有一双纯洁的手触摸到它
它的芬芳会带来永恒的幸福

是谁，说羊角花花期短暂而娇艳
正是途经云寨你倾城的最好时光
是谁，说羊角花花瓣华贵而富丽
它永远只活在至爱的心房

今夜，无诗

今夜，无诗
无秋殇的情感触发肉体的疼痛
无灵魂的孤独与孤独产生不安

今夜，无诗
便泡一壶清茶清洗一下灵魂
替换那些还隐藏在深处的阴暗

今夜，无诗
便饮一口苦楝树根酿成的酒活络意志
怕它僵硬成栓塞思想的堰塞物

月亮，只以自己的方式站在天空

不管天地有多大宇宙有多浩渺
无需画一个圆圈定自己位置的确切
不管人类对它是赞美、责难、抑或叹息
它只发出自身能够发出的光芒
（不与太阳相比）
甚至于这光辉不是来自它本身
（月亮本身并非发光体）
它站在天空，不是为了照亮夜路让人类走好
更不是给杀人越货或偷情者提供作案的便利
它不帮助动物捕捉到猎物或使猎物成功逃离
它不为恋人的缠绵专门提供掩护
也不会有意拂去人们月下爱的浪漫怀想

遵循天道运行是它的本质
科学发光只是它的智慧

我想，以花的姿态读一回
这个与落叶有关的季节

关于这个秋天，记忆的存储库中
曾有很多排队等待的溢美之词
天命之年，却忽然记起少年
懵懂童心里似曾幻想过
中年事业初成的踌躇满志
转眼两鬓霜染，白发上头
童年梦幻化成淡淡炊烟直上青云

其实，时间并未远离
它只是潜藏于我们的身体某个部位
雕塑着另一个身体
有时也触及我们记忆的过往与爱情
秋风掠过发际，我想以花的姿态再读一回
这个与落叶有关的季节
印证我此刻的灵魂是何等静寂！

红日映赤水

（新长征组歌歌词）

之一《红日映赤水》

红日映赤水

这条英雄的河流

渡口仍有烈士渡河的傲然英姿

飞虹过江

长桥印月

你们是否已看见

你们的英勇付出已经结出硕果

致敬　致敬

我们永远不会忘记

英雄河中追求理想的英烈

明月照丹山
这片血沃的土地
村村小康
户户殷富
你们是否已看见
你们的理想信念已经长成参天大树

致敬　致敬
我们永远不会忘记
青杠坡上依然屹立的红旗

之二《碧血染青杠》

碧血染，青杠萃
上万英豪此处殁
悲兮苍山
痛兮赤水
本是同根生
相煎何太急
大敌当前
何不携手抗日顽！

此高峰，任登临
却是烽烟后热泪

中华儿郎

须谨记

同室操戈

岂不痛心肺?

当今世界

兄弟同心何人敌!

之三《遗言》

如果我在这次战斗中死去

请不要告诉我远在故乡的母亲

她望瞎了双眼

正盼望着我归去

如果我在这次战斗中死去

请不要告诉我灯下缝补的妻子

她正把一句句叮咛

缝在密密的针线里

如果我在这次战斗中死去

请不要告诉我襁褓中的孩子

她幼稚的眼睛充满希冀

不要让她知晓伤痛的结局

苍山啊给我报个平安的家书吧
给我哭瞎眼睛的母亲
告诉她我想念
我的慈母及故乡的亲人
赤水啊给我带一句贴心的话语吧
给我美丽善良的妻子
告诉她我不冷
在地下也要奋勇杀敌
大地啊给我带一句真心祈祷吧
给我需要我抚养长大的孩子
告诉她父亲倒下了
也是一具伟岸的身躯！

参加革命哪有不牺牲？
追求真理哪有不付出？
为了美好明天哪能不放弃？
如果我在这次战斗中牺牲
这就是我最后的遗言
我写在了身下的这片大地上
等到有一天革命胜利了
我的亲人才将它发现

之四《女红军》

女红军，女红军
天地一样的仁厚宽阔的胸怀
苦万物所不能苦
居万物之所不居
高山亦仰止
江河亦肃立

从瑞金到遵义，从遵义到陕北
三寸金莲征服二万五千里
踏碎了畏惧与苦难
迎来了前途和光明
前事所不忘
后世永牢记

女红军，女红军
放下骨肉分离的疼痛
藏好战友温热尚存的遗体
你把信念牢记心上
你把母爱献给人民
你把愤怒的火焰抛向反动派

女红军，女红军
你是大爱的化身
你是智慧的代表
你把生的希望留给战友
把死的畏惧捆绑上自己肩头

梦里江山

我与思想彻底绝缘
诗歌也是
进入深秋
文字先于落叶
从纸面上枯竭

相机成为物品的摆设
灰暗及淫雨连绵的天空
冷漠不是答案
灵魂无法找到
取景框想要对准的焦点

残荷，蓑叶不断
交织成亲友不幸的消息
与新冠疫情的第二轮暴发
一起构成

今秋无法释怀的伤痛

梦里江山，见不易
别亦不易
只将无绪愁怀置予秋
不必糟蹋，北来雁
那身后袭来的冷气

半窗

秋风装不下
我装明月半窗

秋雨装不下
我装惆怅半窗

幸福装不下
我装忧伤半窗

心事装不下
我装孤独半窗

寒窗无言
剪一烛烛光暖

剩下半窗相思
送与深秋做伴

那山，那水

朝阳从黄桷树的顶端
剪娄山成黄昏留在土城古城墙上的斜影

弦月从巷子的旧石板上
钓出赤水河中流淌千年的寂静

八十五年，坡岸上的枪声早也冷成树的身子
水中的子弹亦变成了河中散漫的鱼群

山岚与夜雾交替裹着的古镇
有三角梅从时光身旁开出低缓的情绪

汉服或唐装的淑女，端着木盆
迈着细碎的脚步走向河边的黄昏

此刻，叫月亮台的码头
倒映着春秋时期就流过来的一湾碧水

与先贤对话（七首）

——如果理想信念遭遇非理智欲望，是不是也会染色失去原本的面貌？

庄子

我日思夜想
你对待事物的态度
是否也如主席台上
某个口才灿烂的人
精心装饰着每一个句子
却与内心发出的声音
很不一致

老子

预先，你并未设定

自己为圣人

或者，对别人强加给你的名号

感到愤怒或厌弃

智慧，自然而然地

从历史的熹微中露出光芒

如雨露甘霖

及时地哺育世间万物

此后，我看见你

骑着那头温驯的青牛

出了潼关

孤独地西去

周公

一个不知疲惫的灵魂，矗立

在中华大地三千年了

守护着有普世价值的青铜器

文字茁壮如猎猎旌旗

我孤独寂寞的灵魂

常常没有安放的圣地

偶尔，来你采集的《诗经》中

被蒹葭苍苍的河流及鱼提及

历史的镜像中
我根本瞻仰不到您已失去意义的肉身
今夜灯光下，唯用你天下为公的精神
慰藉我干渴的灵魂

孔子

是否可以，从你写下的文哲中
找到我想要的孤独
和一个用孤独可以替代的我

夜读杜甫

是否可以造一个，更好的沉默
于您诗歌疯长的草堂

惊异于被秋风吹破的茅屋
那些寂寞孤单痛，今夜将何处存放？

金色微凉之秋，滟滟辉光
你诗歌的温度叠我为南方温暖的背影

浓缩了千年，只为等待
您挥毫写就闻官军收复失地的喜讯

凋零

灵魂控制不住欲望
欲望控制不住身体
理想之花还未盛开
便在欲望之漩涡中
渐渐凋零

与先贤对话

诗雨半窗，寂寞成秋天的静谧
雾岚成风，孤独成季节的忧伤

书翻到哪页并不重要
话题可以反复地重置

古老的相思朴素成诗歌
正被时下的音乐所流行

无法抵达的梦想，有时会
被时光拴束成叮当乱响的风铃

于是，风起了徘徊
寻觅着银杏枝头欲坠未坠的秋光

事物们都满腔热忱，除与
那些逝去千年的先哲对话

我只能，躲在阴暗的地方
陷入长久的沉思

不然，动物甚至
那些飘浮于空气中肉眼不见的尘埃

都在对我们言不由衷的伪善
进行无情地嘲笑及诘问

卓尔不群

如草丛间倏然不见的小动物
或追求光明误入陷阱的灯蛾
我们渴望成为现实世界
某个环节中卓尔不群的那一位

命运稀罕地替事物们
安排着座次
包括时间、职责、顺序
及我们在内心中盘算好的一切

我们谈笑着在安放好的椅子前
观望、嘻笑及等待
自私而又若无其事地表现着
形体及内心的虚伪

无法撕掉的标签

就让它搞笑地贴在脑门
我们其实无心　成为事实上
卓尔不群的那一位

唯物与唯心

两个哲人
他们经常在一起
辩论
其实　他们
形影不离

事物的阴或阳面
其实　谁
都说服不了谁
又暗暗被对方的智慧折服

事物　往往
被错误地认知
误导成常态

今夜，北京寻梦牡丹亭

——一个北京寻梦的故事

不是在土城
是在北京清河
清华同衡的一楼大厅
听了一段对话
是朋友的互动
寻梦牡丹亭

听专家们谈论文旅融合
碰撞出的些许智慧
还听了一个故事
唐妞与唐二爸爸
听了京剧转型
还听了个
毕竟运河不是海
说的是

隋炀帝与张若虚的传承
大运河及春江花月夜
他们衔接的内因

但我今天想得更多的
是梁启超的历史见解
山与川
怎么会西高东低

所以一江春水向东流
问我此刻，到底该想些什么

辑四

写诗
是让自己与自己的灵魂对话
而哲学的意义在于
自我发现、修复及清洁

对话冬天（组诗）

想见一场初雪

曾经，想把一些心事
埋在厚薄不一的雪下面
也至，对初雪的想念
随着冬天的深入
愈见急切
慢慢地，想掩盖的心事
淡化成了落叶腐烂后的泥土
而初雪，逐渐占据了它
原来的位置

记忆中存在的味道

当烤红薯的味道
从遥远的村庄的上空

从燃着旺旺火苗的回风炉里
随冷空气传来，始知
我所居住过的乡村
已远离我很久很久了
以至于，那些乡愁
那些因一只洋芋一块红薯
与小伙伴反目成仇的记忆
都慢慢凝结成了思想中的冰
多少年了
未曾用真心去整理与回味

对话冬天

其实我还没想好话题
甚至还没有打开装满破烂衣服的衣橱
以及衣橱衣服中那些有待整理的记忆
默然相对，我们就从最简单的问候声中
切入今天想交流的话题吧

你说你将带来寒冷，这个冬天
要让全人类都感受到
瑟瑟发抖的味道
我确实不了解这几句话的含义
只紧了紧身上的单衣

我其实没有更多问题想对你表达
问题就始终永远是问题
好像也成为了今天人类的普遍规律
好吧，如果你果断地要带来些寒冷
我的应对方法无非是，从衣橱中找回
那些还未扔掉的旧衣

旧照

如果不是寒冷
不会坐在取暖器旁边的茶几前
翻看父亲珍藏很久很久的那本
旧相册
那些在黑白照片间手足无措的幼稚
破旧衣裤包裹着的没皮没骨的开心
以及对自家花草树木无私的呵护
都一一涌现在眼前
多少年了，住在城市里
竟无心去回望一下
那些老让我雨天摔跟头的泥泞小路
以及住在村庄木瓦房里的故旧
今夜，抱着这本旧相册
我仿佛又回到了故园

回到了那株三杈苹果树下
靠着那粗壮的树干
找到了自己曾经的根与家

不约而至

好似祖母黄昏隔着田坎的
深情呼唤
又如田园中牛羊下山的吆喝
那种
曾经发自内心的爽朗声音
即使是晒场上的黄豆，麦子或荞面
它们听到后都会不约而同到来
甚至是老屋里的笋子，腊肉和萝卜线
亦不会缺席这初冬　思乡的盛宴
还有什么呢？
是那株从山上移植下来并未栽活的
挂着骨朵的山茶花？
还是邻居家那棵
挂满酸酸果实的柑树？
不用想了　不用想了
即使所有以前遗弃在
乡村中的愚昧、欢笑以及愁与爱
都将在这个冬天
不约而至

湘江，湘江（外二首）

穿过黑夜的黑
将冬天的冷，藏于
脖子上那条披着的
红色的围巾，我看见
突破湘江纪念馆中
新圩的弹壳
还散着淡淡硝烟
光华铺的马刀
还飘着红红的火焰
觉山铺的岩石还在痛
凤凰嘴的遗体
凝固在了江水中
湘江，湘江
你悲痛的眼泪
却不合时宜地
在一个伤痛的节目中

传递到了我的眼眶

致敬湘江

湘江水流至界首
流到全州
都想绕过这段河床
鱼儿到这里
也会默啜哀伤
面对1934年的渡口
我站在这里，虔诚脱帽
向八万浴血突围的长征英雄
致哀！

桂林，初见

初见桂林
一个“甲”字怎生了得
它必集奇、险、俊、秀于一体
从秦时明月到今天
写它
桂林用了岂止三千年？

初见桂林

灵渠意外切入
那条世界上最古老的运河
连通了湘江和漓江
打通了南北水路
将岭南纳入了中国领土

初见桂林
老山界伸出热情的手
将我拉入西延山脉腹中
在那，我享受了当年红军
享受过的一次瑶族同胞
用油茶与粑粑送上的盛宴

初见祁连（组诗）

牛排，大份

咦，我一个人
怎么可以如此正视自己的内心
灵魂终于，安静地龟缩于
上天为我画好的盒子里

去西域的路上
曾路过一家特色牛肉店
我为自己点了份
牛排，大份
为自己即将逝去的青春
壮行

初见祁连

初见祁连，达坂是山名
很能体现，祁连山的个性
山其实温顺得如同
牧羊人羊圈中的羊群

静静的野草被风
吹得伏地，风过后又
直起身子
我在祁连山口
又一次看到
自己往昔如野草般的个性
又不禁为自己
曾经拥有的这种个性
哑然失声

山丹军马场

雄健得如同飞起来的马蹄
山丹军马场初见，便
一路敏锐地，向草原深处
向祁连山遥远的边际线

迈开脚步

在山丹军马场上空
还飞翔着，一只灰色的鹰
我尝试着
沿那些散落着马粪的浅草走走
借着它的倒影
恢复一些，青春的野性

与野相生的还有年少，和
那时幻想过的策马扬鞭
却止步于那些高高的马鞍前
是我内心真诚的怯懦
还是马的温顺？

玉门关

是为了写出一首像样的诗
我也像当年的那个人一样
在一千年后
驾着越野车来到玉门关

眼前黄沙，被风卷向高天
辉映着的，是我此刻跌落在

滚烫沙漠里的容颜
还是当时他复杂的心绪？
事物在沙漠中，可以成为木乃伊
而思想不行
一旦缺水
它的形象会十分难看，不会成为
一片冰心装进那只神圣的玉壶

偶遇，榆林

当我与留宿的地点错过后
反而一纵身投入了你怀抱
一份惊喜和神奇
我无法用笔记本上的语言
向你转述

你的美绝不是
扑在地上聆听大地心声的婴儿
而是那一窟留着洪荒印迹的
石窟中，或坐或立
匠人倾心绘制或雕塑的
自己心中的佛

跌落在风雪中的问号

一个问号，从秋寒中跌落
红枫啊，银杏啊
一夜间黄叶都去哪儿了？
秋末聚集好的那些愁绪
还未找到一个晴朗的午后
和着一杯醇厚的古树茶
在石块与衰草间晾晾
这漫天飞舞的雪花，突然
从阴郁的天空闯入

周末晚间，气温还循序渐进地
带着入夜的冷
我亦曾看着身上的羽绒衣
微笑着告诉自己
这是初冬，往常经验
离大雪还远

气象播报却说，温度如断崖

温暖江南，将一夜成北国

假如人生只是一场幻象

曾试着　让肉身与灵魂
讨论一些与人生有关的话题
却发现此话题太大
于我并不切实际

开始酝酿一个关于细节的问题
就有很细小的东西从四周拥入
让我不寒而栗
一生从未注重过的细节啊
是否我的命运就曾被你所伤？

白雪无边　秋寒寥落
更无春潮　回忆渐远！
假如　人生只是一场幻象
世界就宣泄我于今夜之风雪中？

人间烟火

儿时，幻想过的温暖
放置在一株枯叶落尽的树间
我幻想着这株轻而易举的枯枝
会给我一个物有所值的惊喜

那时，秋寒未及
我们这些农家孩子，便会
背着背篼去山上找柴火
母亲说，冬天是否暖和
就看杂屋间柴火堆的高度

小贵州

故事已故

故乡在眼前

今夜

月无眠

家之观念

我是我

非我

非是非

是非

江山妩媚

不醉

可我

又醉

我爱的那个人，他不爱我了（歌词）

把你同情的目光留给了别人
我的身体里没有了爱尚存活下去的余温
暮雪千川只是孤独的神话
传说中湮灭了时光的背影

岁月也先我而老去
我将用什么守护即将逝去的爱情
这与生而来的倨傲
是为了撑住那道内在坚强的身影

把你虚伪的感情藏至幕后
不用痛苦地看你面具掩饰住的笑容
世间再无爱情值得我拥有
余生用忏悔浸泡无爱的孤独

我爱的那个人，他不爱我了

青春也成旧日云烟
我情愿用日日的相思去守护
那场曼妙无果的爱情

我爱的那个人，他不爱我了
岁月也先我而老去
我情愿用一生的光阴去守护
那场曼妙无果的爱情

我想忠实于自己的诗歌一回

诗，是我想回到儿时
为一颗水果糖一段甘蔗的甜
装病而装出来的诱因
那时，天真压断过长满樱桃的枝条
好奇盯上过萤火虫发光的屁股

诗，是我想回到少年
稻田里捞月亮捉蜻蜓摸泥鳅的童趣
那时，难以下咽的老咸菜和水煮洋芋
与从城里来乡下做客的小表姐
它们，构成我内心真实的乡愁

那些年

那些年　我们都爱过
因为年少
阳光从春天的树枝上
掉下些懵懂的影子
我们便会把它从地上拾起
当成　青春的全部

那些年　我们都爱过
因为年轻
很难　在兴奋时抑制住兴奋！
自然也难　从月亮的阴晴圆缺中
猜测到另一个人起伏不定的心事
我们定义它为　爱情

如果

如果，你想知道我此刻的境况
就看看这眼前的月亮吧
独倚半窗，漠漠清寒
无限寂寞与惆怅

如果，你想知道我此刻的心情
就看看窗外的流云吧
半山壁峙，半溪烟霞
风云动处即是吾家

我想静静地

我想静静地
让寂寞与寂寞相爱
我想静静地
让孤独与孤独相亲
我想静静地
静如河滩
静如赤水河湾一潭波澜不惊的水
静如金子屯上一株傲骨凌风的树
静如土城古镇上一枝迎春怒放的红梅
生命的真谛是
静听那些世人眼中微不足道的事物
悄悄低语

我想静静地
静如博古架上一本风尘迷字的旧书
静如茶几上一尊横卧迷思的雕塑

静如草堂墙上一幅沧桑的画卷
生活的最真切的意趣是，即使迷途
亦知来路

酒（外一首）

我闻到的不是历经千年的酒香
而是春夏季节交替之际
时光发出的浅浅的馨香气息
它直扑我的脑海
浸透了我的心肺和灵魂

山坡、野径、书房

荒了这山坡
这野径
老了这岁月
这夕阳
我到何处去寻觅
今生的浪漫与惬意
书房中

岁月

岁月是枚肥实的果子
加上淡淡的忧伤
把它藏入土城千年的窖坑
会酿出世间最醇厚的爱情

岁月是粒饱满的种子
加上勤奋的恒心
把它种在长思想的土壤里
会长出社会最善良的公平

岁月是块坚硬的砾石
加上长征坚定的信仰
把它放入四渡赤水故事中
会琢磨成中华新时代的指南针!

风吹落花

——空无一人的世界，

是我恰到好处的孤独！

风吹落花
是那些不小心被翠绿
抖落于草的心事
所以，我听到了风的疼痛

风剥落的，如果不是
那些春花飘谢时骨碎的影子
便是内心深处
季节与季节互搏的撕咬

其实我已记不清
存放于岁月中的那些忧伤
时间设置

是一季？数年？还是永远？

在如此光华四溢的季节
我守着我的寂寞
在寂寞中喃喃自语

倦

找到一处空旷的土地
我便歇息下来
歇息下来，让思想也停止运转
譬如太阳，倦了
便偷偷溜到西边的山坳

找到一蓬寂静的芭蕉
我便停止思念
停止思念，让愁绪也释怀
譬如春风，累了
便轻轻躲进路旁的茅屋

春暖花开

我们时常惦记的那些春暖花开
如约而至，又将戛然而止
拿着二十四节气表　在十里春风的田垄
一一比照
季节已复苏
还有什么值得担心的往事?
时常搁置于心间

思念及其他

在杏花或樱桃花铺满的田垄
将春风想象成一次邂逅
或者一场意外
绵绵春雨，便缤纷成了
春花粉饰过的一串相思

茅草掩盖的残垣，如果有雨
不小心打湿老墙
那便是我对往昔爱情
最细心最真切最妥帖的怀念

花开

花开的声音
从简陋的院子中传来
不小心挤垮了竹樊篱
挤破了缠绕于樊篱上的春风
将多余的痛
归还在繁花的樱花树下
那一片沉默的土地

有心事，不断撞击灵魂
卷曲的花瓣，裹住了春风
还裹住了一些去年
伤痛的回忆
让我感受到繁花外的
无边孤寂
以及孤寂带来的
落花飘零和夕阳西沉的美丽

是该有这么多雨

是该有这么多雨
春雨，奔着季节而来
将种于山坡上的那些草根
以及草根中鲜血长出的甜蜜
冲刷到地面

是该有这么多雨
笼住这充满生机的山林
那些被雨水打湿的时光
曾经长满岁月的苔痕
我把青树下的苔藓
作为
这春的另一个风景

今夜，我停留于风的孤寂

声音划破光亮的夜
(春天的夜色总那么明媚)
你的恩情，于夜色中
早已抵达心境
嗯，光影中全是沉默
是沉默过后的孤独
并还将是孤独！
今夜
我仍停留在这春风的孤寂中

心事

在知天命的年龄
我要腾出些空间了
就像电脑用久了需要清理内存
于我的心房
存放些新的花开花落
存放些比夕阳
更美好的记忆

想象不出还有多少寂寞

在一个地方待得太久
会长出些什么心事呢?
在孤独来临前
我该走在它的前面
离它远远的
还是该藏于它的身后
往相反方向
落荒逃走?

我总是住在诗歌的疼痛中

不是无病呻吟　更不想强赋新愁
在我这样的年龄
我怀疑我的内心一直怀藏有某种担忧
文字里经营着一些季节的枯瘦
我试图说服自己离开过于的沉溺
妄图把事物的残缺
涂抹成一篇篇古怪的哲学笔记
或一首首文字浅薄但又寓意深刻的诗

影子拉得老长　老长
站在路灯后的我及旁边的水泥电线杆
如同凌乱的书桌上摆放的
那些印刷在泛黄旧纸上的智者思想
我曾经不自量力地想
把它们全部装进自己的脑袋

三春之阳

风一节一节
递进式地送来一些
暖和身子的阳光
逐渐复苏的土地　让我
把最近领悟到的
一些关于现代性　和
一些关于新美学的幻想
糅进扑面的春风里
告诉远方的朋友
那颗即将枯竭的心　仍
能感受到这三春
阳光的温暖

梦

无论如何努力
我打不开梦中那些对思想的可恶禁锢
于是在梦中，我对自己说
我不痛了
眼泪却大滴大滴地
滴在疽疮的伤口上

就如路边那株站着的樱花
花朵凋谢后枝干渗出疼痛
梦外
我始终雕刻着
一个清瘦冷傲而棱角分明的模型
却未必是我自己的画像

午夜

我喜欢过午夜
二十或三十年前
那是青春独有的时段
各式各样的酒　音乐
或一杯暗示自己
孤独的咖啡
还有一部分是
裸露着人性贪婪
具有赌博性质的扑克
（这些都在我的记忆深处）

现在的午夜
又摆在书桌前方
距离不足三尺的墙壁
温柔的音乐及炫酷的灯光
又从夜色中升起

我合上书卷

闭目休养的那一瞬

只是

没有了那时的浓艳及奢糜

只残留一丝青春般特有的醉意

睁开眼　端起茶杯

镇静地看一眼那本翻开的

旧笔记

那些文字说　你已

挥霍不起剩余的时光

我只好起身调亮书桌上的台灯

将青春时期

那些浪漫而又随性的记忆

放进红色的茶汤

饮入身体

矛盾

那些个弯路
我一直没有少走
我的脚步一再沉溺于
寻找到一些捷径

害怕丢失与得到之间
矛盾一直在自我不断地戕害
在不断清醒与过程之间徘徊

我分不清楚自己
一边是漫无边际的狂想
一边又是出奇的冷静

我想把人生中所有的软弱剔除
把所有的诗歌揉碎后
却又怕淬炼不出
一柄直达心灵的利器

有时（外二首）

有时，心还沉静
笔尖却露着锋芒
那些来不及隐藏的思想
瞬间就从笔尖的墨水中渗出

理

新鲜的事物存在新鲜的理
陈旧的事物也有存在的价值
这是人类认识世界不可否认的真理

挑战

从内心深处发出沉重的挑战
征集一个美好的愿望
不如征集一个真实的自己

那些无知、狂妄、不自量力的头衔
戴不上我的头
不是太大，而是太小

因为内心深处，我从未把谁当成对手
谁，又会是我的对手呢?
无非是，一些嫉妒挤满了空间

幻象

感觉像做梦一样　放下书本

我便从浅浅的困倦中

走上了一段曲折又平坦至极的道路

路上牛羊成群　且洒满金辉

但那绝不是谁的异国　也非谁的他乡

沿着那段精心打磨过的道路

我进入到一片秋天的枫林

暖融融的阳光　从枝头照耀到地上

微风将我短短的头发

吹拂成了直立搞笑的嬉皮士

26.3℃的温度　空气弥漫着适意

除了晴朗的阳光

还不远不近地飞舞着几片金叶

梵音从天外

渐行渐近　又渐行渐远

好似被西方吹过来的谎言蒙蔽

我怀疑世界其实已部分失去真相

站在这条路的尽头

就着自己的这种感觉

努力回想着　自己进入的方向

还有些长在路旁的野草

像跳跃着的灵感

跃跃欲试地想涌入我的脑海

好似它掌握着真理　而我怀疑

真理是否正在被它残戕?

走到一株花瓣缤纷的海棠树下

总有心事连着

那些漫天飞舞着的荻花

总想回望半年前春风深处

那个流行了一年的浪漫

在每一个不成熟的夜晚

我都静静地等待着自己成熟

因为灵魂　不愿

再在虚无的世间游荡

空了，我就想去翻越那道土墙

空了，我就想去翻越那道
藏于松林中的土墙
雨水淋透的老泥，洁净而又沧桑
它曾经矗立在老家的竹林边
麦草做成的屋顶
有麻雀时常光临
今天
岁月终于用时长，穿透了
它厚厚的土壁
一道大大的裂缝撕破了它的躯体

空了，我就想去翻越那道
藏于松林中的土墙
也许在它的夹缝中
还会找到我童年贪玩时丢失的铅笔
和写着歪歪斜斜字迹的方格本

因为它，我被一向慈祥的祖母呵斥
也第一次红着脸
向启蒙老师撒了个小谎

空了，我就想去翻越那道
藏于松林中的土墙
我怕，最后一位会筑墙的师傅
会在今年的某个时候突然离开
此刻，八十多岁的他
正抱着一块夯土的夹板
沿着土墙的四周
周而复始地徘徊，又徘徊

我把抑郁藏在了书页中

我有抑郁，特严重的那种
孩提时的脆弱，青春的狂暴伴随私欲
中年面对的情感、工作和生活压力
有时，抑郁让我变成
两个互相撕扯的自己
值得庆幸，坚固的那个总能坚持到最后
但哪怕它只输一次
抑郁都会赢得最终胜利

我终于找到了一个很好的物体
当抑郁游离到灵魂
我便赶紧地拿出准备好的书本
把它叠放到书页中
不一会儿
那些印刷在书页上的密密麻麻的文字
如同药物克星
抑制住了那个可怕的敌人

暮色

不妨以春天的名义
邀请些鸟语花香
沿着那坡葱郁的山野
爬上那座帽子一样的山头
把孤独暂且放在夕阳低垂的帽檐边
跷上二郎腿，像这脚下的赤水
惬意地做一回奔放的河流

这样的时刻，暮色中
河边小镇其实也婉转得
再也听不见一声鸟啼
只有宋代的酒窖里的那些石甑
把酿酒的故事一写再写
今年又酿出
不同于去年的传奇

那流淌了千年的赤水河

把暮色当披风

将刚挂上天空的星星

与汽车司机才打开的铮亮车灯

系到她婀娜的身体上

把土城古镇的古

焕发得更加青春、亮丽和现代

露珠

晨练的路上
我碰到两粒晶莹剔透的露珠
安静地躺在一片肥厚的叶片上
（野草不知名）
危险时刻降临
行人走路带出的一缕风
叶片中渗出的几个水分子
都会让它掉到地上　粉身碎骨
它却毫不介意
依旧闪烁着比珍珠更美的光彩
我小心地停下脚步
生怕自己的哪怕一丝鲁莽
会带给它灭顶之灾

我经常，与一个有趣的灵魂切换

我站立时老想问同样也站立着的影子
这么大岁数了
你怎么看不出有半点智慧的样儿
平时积蓄的那些社会经验都去了哪里？

我奔跑时也想问同样奔跑着的影子
生命其实才刚刚开始
你不要总是气喘吁吁一副病态模样
青春壮年时也没看出你干出些啥名堂

我的影子其实是我调皮出窍的灵魂
他与我的身体互相依存

区别不过是
一个古板一个灵动有趣
我常在它们之间来回切换

古板的身体随年龄的增长日显苍老
有趣的灵魂却随年龄的增长愈发年轻

站在长满树瘤的樱桃树下

一不小心就回到了童年
从樱桃树开花到结出胖嘟嘟的果实
我每天都会穿着单薄的衣裤
去到那株长在菜园边的樱桃树下
找青里泛黄黄里透红的樱桃　打卡
今年的樱桃又熟了
一筐一筐摆满路边的市场
卖樱桃的妇人殷勤地招手向我叫卖
而我早已没了四十年前对樱桃成熟的渴望

但当我站在那长满树瘤的樱桃树下
又找回了一个很小很小的曾经
赶紧把它系在了挎着竹篮的手腕上

寻找

一直在为自己的佝偻
找个合适的理由
祖母盯着土地的样子
或许是第一个原因
那时是麦熟
哪怕土地上仅剩下最后一粒麦子
她都会用皱褶和长满老茧的手
把它从土壤的缝隙中
虔诚而执着地抠出

一直在为自己的失败
找个合适的理由
觊觎邻居家的李子和苹果
或许是个重要的因素
满树的果子充满诱惑
我总爱在它们成熟的时节

吃力地担着半挑水从树下经过
希望掉下一只到水桶里
甚至为此放慢了脚步

一枚生锈的弹壳

一枚生锈的弹壳
洞穿了岁月
告诉我　岁月其实
从没有那么静好过

杀伐声总在不远的山林响起
仇恨、怒火不断重燃
历史一次又一次
被欲望所割裂

我　此时感觉到
岁月正从
这枚子弹射出的枪管中穿过
整齐地
将我头上的青丝戕害
剩下些须白飘在风中……

巨大的回声　使我的灵魂不再安宁

我想快步　从中壮年迈向成熟

文字

文字总有些趣儿
它一会儿让我兴奋
一会儿又使我害怕

记得与它初次相见
是二十六岁的母亲
用一笔卖嫩南瓜的钱
从供销社买来的方格本和铅笔
母亲手把手教我
边读边写
却怎么也写不直的那个“一”

尔后四十余年
文字与我若即若离
又紧紧相依

但当我伤心、恐惧、绝望的时刻
它总是默默地守护在我身边
给我理智、坚持、勇气，不离不弃
我总能在风雨如晦的夜晚
用它，驱散藏于心底的孤独

一把耕耘过的锄头

一把耕耘过的锄头
挂在雨后的房檐下
锄尖闪耀着岁月磨砺出的亮光
正向那块留着足迹的
被锄头挖松的土地示爱
曾经，湿漉漉的种子
躺在新鲜的泥土中
很小心地
想要挤破土地（母亲）的肚皮
而今，只能捣腾出我眼中
一些离开土地后愧疚的泪水

是的，土地是人类最伟大的母亲
也是万物之母
而房檐下的锄头挖过的那一块
于我更具象征意义

离开自己的母亲
还有人会悄悄惦记在心底里
离开了那块养育过自己的土地
而今还有多少人会想起？
我将在今夜的暮色与明天的朝霞中
拾掇一些还残留在那块土地上的
童年乐趣

原谅我吧，我的山村

原谅我吧，我的山村
那块山坡上的油菜田里
瘦弱的油菜花
藏有我同样弱小的歉意与汗水
那些孤独时陪伴我的狗尾草
还长在黄荆叶包围的山坡上
那件从冬天一直穿到夏天的破棉袄
我的亲亲，你是否在地下找了个隐蔽的地方
替我一直珍藏
而我曾以为，抛下它们
乡村，便会是我生命艰苦记忆的终点
将开启下一段幸福的征程
人到中年，历经风浪
始知，你替我保住的原色
才是我冲破一切阻挡的动力

原谅我吧，我的山村
我其实从未离开，却又一直未见回来
羞愧于你对我的期许
今天满怀羞愧重回你的怀抱
只想再次去品味
那堆捉过迷藏的谷草
藏了多少少年的未雨绸缪
那道背负重物一步一步走过的山梁
是否改变了原来山的模样
我想从曾经出发的原点
找一个平视自己与社会的坐标
让生命与责任继续努力前行

原谅我吧，我的山村
你见证过那个漆黑的夜晚
一个羞涩的少年
借着夜色的掩护
亲吻了他心爱的姑娘
即使她看到了我今天写下的诗句
想必也不会放下内心的骄傲
是我开启了让他们嫉妒的原色
你见识过那些炽热的白天
我拿着绳子，扛着犁具，算着日子
找一些石头、水田与季节

在抬石、打田与收割的劳作中

撷取长辈们深藏在农事里的智慧

一个人，能够学会在风雨中伫立

至少他的精神世界不会孤单

孤岛

过了一块石
蹚了一条水
站在赤水河的鱼背背上
你是唯一孤独的身影

你在一座无人的孤岛上
眺望
除了天地
没有一双人类的眼睛
在与你对视

画地

画天，天水一色
画地，这里
地栖八荒

画人
是囚心的牢房

谁惹恼了我的泪腺
漫润了一生一世的温柔

初夏随想

我把季节所需的承诺
都放置在了这个初夏
空气及时地摇晃着树叶
朗朗心情
随波光嶙峋了一个下午

我扒着随便一面土墙
随便把一天的所思
摆进一个pose
包括那些春衣中来不及掏走的旧事
和去岁冬天收藏起来的思念

小蜜蜂如同我敬佩的某位摄影师
在附近的一棵颤颤的矢车菊上
举办着自己的视觉艺术展
在向晚温润的霞光中呈现的

是相思吗？

是一颗熟透的红豆
落在了沧桑的面颊

那些少年、青年甚至壮年的
伤口及疼痛
都被岁月改造成了
生活坚强的阅历
甚至是灵魂中最坚固的基因

而心中存有的感激
成为淡定生活不可或缺的部分

谁?

谁总在沉默的岁月中沉默?
不会有谁总沉默在自己的沉默里
风吹草动
草无法，也无需沉默

我，准备放弃
让灵魂随风而去

灵魂笑了，伸出一双温暖的手
忧郁从此随风而去!

我用过较多的沉默，叩问自己的灵魂

一壶茶，煮圆又煮缺了天上那轮
无情的月亮
有人在月亮的圆缺中
默默拾掇，生命中过多的沉重

很多不曾书写过的句子
夹杂着一些开始破碎的思念，怅惘
在夕阳的余晖中，借暗淡下来的阳光
跃到了枯燥的纸片上

占满院子的整个春天的
是一树不为我开放的桃花
我在缤纷的花瓣下
用过较多的沉默
一次次叩问自己的灵魂！

娄山

第一次进入我诗歌的
是高不过我屋顶的娄山影子
从太阳升起到落下
从东面的山峰到西面
大娄山脉，以树的影子
倒映在我家的院坝
连我的灵魂也要升高
才能看清它的伟峻

娄山里长了耀眼的历史
二十万年前，先人们
在那个石灰岩洞中
写下了地球上大大一个“人”字

娄山里长了壮美的诗
八十五年前，领袖毛泽东

率领从江西走来的红军

在险峻的关隘吟了首《西江月》

从此娄山关有了

灵性！

赤水河

那就是河吧，无数次听河水浅吟低唱
把一腔激越哼哈得如同
一朵跳跃在河面上晶莹的浪花
宽阔的水面是一面明亮的镜子
把盐船航行的日子
照耀得分外壮丽

假如有悲哀

如果悲哀无法洗涤悲剧

我，将用自己的悲剧洗涤悲哀！

如果所有述说的无法述说

我选择沉默

也许，这是我在这世上最后的遗言

可伤痛的是

即使我逝后

悲哀仍会继续

蛰

小草蛰伏在地上
聆听自己的声音
那些发自根部的肺腑之言
都带着泥巴的气质

谁在努力呼唤呢
站在二层楼的阳台上　想唤回
那个爬上了树头
和太阳月亮对话的自己

是春风吧　扬起头
与还未破土的豆苗
讨论起了豆蔻的嫁衣

自己

一个大，一个小
两个自己在灵魂中打架

一个高耸，一个低垂
两个谁都不愿让着谁

别扭没有脑袋
故事没有结尾

我就想在经常的沉默中
发现另一个
寡言的自己

土城故事

经历了很多个白天和黑夜
在一个浓云密布的午后
一场突如其来的秋风
摇落了榕树上的黄叶
树叶跌落，成了我苍老的形象
在土城古镇的赤水岸边
我羞愧地，把脸淹没在水里

一直忙于追赶
在一条通往未知的人生旅途上
没有时间停下脚步
以致错过了许多秋天
可以回溯的美好

包括爱情，一段接一段地
从我的记忆中温暖地滑过

夏末

睁开眼，一种眩晕的感觉
破窗而来，那枝开得热烈的三角梅
花瓣稍有些枯萎
一个并不潦草的夏天
挽成我，一纸残碎的思念

欣喜如归的晚霞
将我覆盖成朗朗初秋的薄暮

我怕，立秋过后
一些微寒，不请自来

永失所爱

——埃航遇难中国女孩微博留言改编

是谁?

将我推上这趟永不返航的航班

窗外有凄雨隔着玻璃

冰冷着我此刻的情绪

照射着我生命的最后时光

点点滴滴的无靠无依

我爱的人啊，你将永失所爱了

请不要哭泣

请你把羊角花束插入焦土

吻着花瓣我会安然入睡

是否?

有机会你再邀请我故地重游

看长颈鹿大熊猫互恋

是不是可以牵我的手

一起在百花桥上跳锅庄舞

把我最美的影像留下

我爱的人啊，你将永失所爱了

请不要哭泣

请你将羊角花蕊抛向空中

闻着花香我会安然入睡

无语凝噎

枯枝，残蝶

每一个与秋天关联的词语

都

不忘寂寞

就此沧桑！

在德令哈遇见海子

玉门　大柴旦　德令哈
那些我想努力记下的名字
从每小时百公里的车窗外一闪而过
我羡慕，那些停靠在沙丘边的越野车上
走下的俊男靓女
他们从容自信地走向沙漠深处
而我，与照在车顶上的
那些与我一起奔跑了几百公里的阳光
此刻，都不可能停顿
夜幕降临前
我要找到今天落脚的地点
那地方，我曾在书本或梦中见过
海子住在那里
写下了许多不朽的诗篇
错过了一个诗人，不能再错过
他已写成故事的诗

这一年

这一年
激情冷却　我如同从精神病院回归
头发从镜子花白到镜外
忧愁不见减少　见识未见增长
本子上的字　倒是
变得更加沉默寡言

沉默，是我今生不变的诺言

一首歌，幻化成了戈壁荒野的一道清泉
那年夏天，我骑着小马驹
来到了胡杨树下
胡杨说，坐下吧
三千年久远

我不想迷失在沙堆
努力地站起
找回家的路
不小心，走远了
到了禾木
那个最惬意的原野

白鸟

一只白鸟，把自己雪白的梦想悬挂于空中
它对远天的执念显得极其多余
俯瞰尘世，知音皆缘尽于无数昏暗的云层

与尘埃对视，阳光中尽是
一些离别时未及述说的词句
每一个，都击中此刻薄弱的心房

白鸟飞翔的姿势倒映在一凼平静的水中
没了翅膀刚伸展开俯冲时的浪漫
跨过季节，闻听到皆是秋风击打落叶的啸音

忽然领略到，此时此刻此处
有年龄陈旧过的痕迹
它们都曾经，无数次地温暖过我受伤的灵魂！

语

月亮尚未醒来，河水又将石制栏杆拍了又拍
几粒星星又大又圆，停在远处波心中破旧的木船

山岳即将入梦，桥也沉默着不说话
只有远处的汽车光，如利剑般刺入这黑色的夜
都说相思是一碗苦酒，谁入口
都是渗着疼痛因子难以下咽的泪花花

凉风从上河吹到下河来，吹皱河水
覆盖了滩头，无数的辛酸事砾石无法言及

月亮

一些月亮，走了又回来
比如中秋，它让我
想起来了我的童年
那时，好像荞麦花未谢
野菊花刚开，在田野
还有一些陈旧的谷草
有蜻蜓和蚂蚱，趴在上面歇息

中秋时，我又想起来了
和奶奶同吃一个月饼，奶奶
把月饼掰碎，小块小块地喂入我口中
她舍不得，让急切的我
一口把这幸福吞下
而她开始衰老的嘴唇
却不愿，碰到月饼边掉落的一点儿渣

有时，我醒了
看到月亮还在天边
鞋子还在晒坝上
露水滴在那偏偏戴在头上的帽檐
奶奶坐在肩坎[1]上，笑了

月亮去了，又回来
奶奶却回不来了，每当
我痛的时候，奶奶总将一只蜘蛛蒙[2]
贴在我伤口上，我对奶奶说
奶奶，我，不痛了
今夜，我却不能重复说出那句低语
它一直在胸口里徘徊

① 肩坎：是作者老家房子前一道用石头铺成的廊道，与房子里的地面平，一般要高于晒场或者院坝。

② 蜘蛛蒙：作者老家当地的说法，是蜘蛛网中的一种，一般在比较隐蔽的角落里，网上有细密的灰尘，老家的老人觉得将这种蜘蛛网放在小伤口上可以“止血”。

惦记

想一个词，想了一个下午
阳光跃上窗台，又从帘子上悄悄溜走
那个词一直不出现，又好似
有条线索牵着它，绕在心头
绕着绕着
月亮就从水中扯出来了

慢慢地重新梳理，重复做
节省出来的生命中的部分多余
感觉不到意义，亦不会有惊喜
即使那个词早也在案头
或隐藏在一本词典之后

经常，想为懒惰找到个较好借口
有时又，有意地想把事情搞得乱糟糟
就像我自个儿的生活

零乱中，总得想清理出点

可以为现实伤感的理由

种诗

有个念头藏来很久
怕笑话一直不敢示之于友

清闲时伺弄一下顶楼杂院
自己怎么也弄不成一个种花能手
看着形枯神槁的几盆草花
羞愧之余，又一个幻想跃上心头
种不好花，种诗如何？
一个杂院，也得有
某个事物配得上它的孑遗清瘦

我为自己突然的灵感欢呼
却不知诗的种子哪里有售
京东？天猫？还是淘宝？
也不知土壤、肥料需用什么品种
喜阴？喜阳？习性又是如何？

中秋，我想用
吃月饼剩下的渣渣
种一树，桫椤开的花

清醒时突然觉得自己可爱
这个念头
只可独享，自己畅饮孤独时下酒！

自娱

可看月季说说天气
可听大丽花耍耍脾气
还有诸多农人讨厌的野草
在我的杂院里
组成了一个小小的局
有道德问题审判，我得问问剑兰
有气节问题询问，我找找石竹
想山野了，我闻闻百合
并追随那些来串门儿的麻雀、蜜蜂
及蝴蝶出门

我与杂院中的植物们都有些友谊
没有算计
哪盆花放哪里
美与丑，由心
哪根枝该剪去

都是剪刀说了算

植物们也不争辩

我俨然这院子中植物们的皇帝

植物们的皇帝，自娱于其中

水杯

我把那个水杯宠坏了
在一个晴朗的午后
它向我发出了最重也是最后的一次脾气
我想举办一个隆重的纪念仪式
跟随我数年，杯子知道我的秉性

水杯经常在换，除非有特别意义
如同生活中的亲情和友谊
有时喜欢这个，有时又觉得
那个更合心意
有时觉得这个小点趁手
有时觉得那个大点，可容更多茶水
有时觉得沉静点的色彩是我所爱
有时觉得简约朴素才是本色

这只水杯，于我
有特别意义

午睡

最好的事情，莫过于
午餐后找个时间打盹
几十分钟，在午睡中回归

流程极简
如同简化过来的那些办事程序
即使说我吹牛，我就吹给
你们这些个没有思想的花或草听吧
至少你们不会嘲笑我
“杞人忧天”　或者
“痴人说梦”

花花与草草

都到我这儿安家吧
不分贵贱，总有天地收容
这才是，人生的格局

喝同样的水，施同样的肥
晒同样的阳光，淋同样的风雨

没有尊宠，无须礼仪
按时节开花
循自然规律出叶，绝不强求

笔与书

有的墨水写完，油尽灯枯
有的原封不动，等待上阵
有毛笔
有钢笔
有一次性笔
现在在我眼前笔筒里
多是一次性的
有写好的，也有写过违心的
有直抒胸臆，也有曲折迂回

父亲的院子

父亲的院子，如今他转移了阵地
那些个曾经让我讨厌的垃圾
我接手后，忽然有了亲近的感觉
极其丑陋的鸽子棚
成为我残忍的回忆

只有泥土和花草
还在我们的亲情中
传递

秋天的河流

似一片金黄的叶子，半弯新月
浮在水面上，倒映成一叶孤舟
在清波里浮浮沉沉，一如
生长在赤水岸边的古老村庄
守着几颗落下万千姿仪优雅的银杏
在坚守与期盼中，触痛寂寞

有人逐水而来，有人顺流而去
无数悲悲欢欢离离合合，在水中
慢慢沉积，河水轻撞老码头
那块吃水一尺的石头，把一些
躺在河底忧伤的往事摇醒
交由最后的河水，带往远方

我伫立河边良久，想用千年
读透这秋水长天的画面

解开部分物质丰厚时期人类忧愁的密码
却被眼前这水、岸、船、村落所囊括的
因果阻断
唯愿生命，随岸边岩礁
或水中潜伏的石头，慢慢老去

篝火

篝火又燃起来了
是从秋天收获过后的土地里
那堆老妪焚烧秸秆的野火中开始的
一定是受，那些从粮食作物根部飘出的
丰收的气息所感染，旺盛的火苗
也感染着已经穿上秋装的人
他们相约着趁着晴朗的天气
出门踏秋

那些，被夏天突涨突停的浑浊山水
呛够了的鱼虾和螃蟹
它们也想，趁着此刻舒适的阳光和空气
爬到岸边，蹭一个与秋天有关的热闹
不料，被馋嘴的秋游人发现
他们拿上工具抓住这些不速之客
不断嘲笑这些水生之物的愚蠢

将它们和敷上调料的猪排一起
成为了野炊时的意外收获

篝火旁，人们谈笑风生激情四射
喝着啤酒，吃着烧烤
畅享着时代与季节的双重美好
鱼虾们却为一时惬意付出了生命的代价

风，追逐着今年可能流行的颜色

一不小心，风就把黄昏撞得
趔趔趄趄，它的额头
被撞进去了不少秋天的夜色
雨水拼命护着的那些花朵
白色的也好，红色的也好
瘦弱的也罢，肥胖的也罢
通通都变成了现实无奈的结果
我只在笔记本上记下了
它们从青春期过渡到成熟期时的变化

风，追逐着今年可能流行的颜色
想让一些事物染上梦想
我亦无法闲着，在风中
晾晒，那些快要被遗忘的感觉
或者觉得有些可笑的思想
因为它们，都与这个世界的良善
或者和平共处有关

成群结队的阳光掠过我的额头

我是个爱幻想的人，一生
靠幻想过活，不可否认
我把自己的生活过得了无生趣
就如一块古老河流中刻板的跳蹬
静静等待，一串或青春或年迈的脚步
跨过我的头顶，或踏着我的身体
踩水而去
我只享受，人们踏上我身体时
留下的或惊心动魄或欢快的声音
此刻，便会有成群结队的阳光
悄悄掠过我的发际
我躺在河中央，宛如夏天里一尾
在水里快乐游动的鱼
通过古老时光，把一些现代忧虑
慢慢过滤

河流，河流

春水的上涨，始于划开河面绿色波纹
的几只野麻鸭，一款轻奢的风
从被伸展开的鸭羽间吹过来
舞动了岸边刚长出新芽的柳丝
唤醒了还在潮湿环境做梦的朝雾

有人取出单反相机，用长焦把远山
系于传说中的村庄
长亭上，雾霭中，一张安静的长条椅
有心事一般，辜负了
穿着单衣在山路上漫步的良人

火烧云及时出现在，空荡荡的天空
我写下的许多墨迹未干的天气
经过暮春一下午的酝酿
及时地下成了

入夏前树木们最渴望的第一场雨

季节适可而止地，热到恰到好处
栖息于沙包树的那群白鹤
兴致勃勃地飞到鱼跃的河滩
用轻盈的翅膀扑打着水面
扇凉了眼前这一河清澈的河水

旧事

那些散漫的日子如同旧事
都归集到落叶积厚的土地
过去，任由天空无由的湛蓝
换挡成铁皮一样的冷灰
喜欢对人倾诉的雾霭
突然穿透在林梢间歇息的光尘
探开嘴，哈出一口紫色雾气

我都快忘记你了
当时你站在章台柳旁
形容枯槁，表情冷漠而严肃

过去，人们喜欢读你齐整押韵的古诗
如今嫌它呆板单一且句式复杂
现代诗们无拘无束地表达
就如人人都憧憬着的爱情

时代不同，恋爱及忠贞的要求不同

性价比也会不一样？

暮光

金色的暮光笼罩山村，一如这
不惑的年龄，我的人生迎来了金黄

转折处，秋天正以一树茂盛的白山茶
字正腔圆地证实，付出所能得到的回报

暮光中，我看到一切该印证的都得到印证
待证的事物还有：蚂蚁、蟑螂和蜈蚣
它们借着日光的温暖
爬到与理想同样的高度

树其实还可以证实，河流中有众多养分
转瞬，又将幻想随手丢弃在
一阵刚燥热起来的风暴里

流星

天上原本有很多颗流星
它们中的一颗突然从星空中坠落
坠入到地上
其余的流星，还没有开始下滑
在原来的位置　某个环节出错
便悄悄化成了灰烬

目睹现场的城市
炎凉被季节腰斩，只剩下
空调过滤后的温度
孤零零地悬在人们永不满足的心里

目不能及的，是不可企及的高峰
一只雄鹰，用它毕生锻造出的翅膀
拭擦起岁月多年累积起来的疼痛
水草上住着的光阴，一寸寸地缓慢移动

比如一只短腿的爬虫
耗尽一生，也要爬上自己奋斗的位置

月亮在天上，照耀着人类剩余的理想
也放牧着一群和星星一样自由的羊群

抱怨

不是出自于一群出入荒野的野猫
无论如何，也不必
把抱怨写在一方安静的土地上

心脏的位置，时时有比喻来访
抱怨着的，不是饥荒的童年
而是富足的中年或老年
不是那一群刚刚迈过温饱线的人
而是一群打着饱嗝大腹便便的
所谓精英

一条关联着我命运的河流

直立于我的脚踝之下
河流开始从脚底的涌泉穴
逆流而上
首先成为我身体的一部分
而后又成为　我的灵魂

找到一年中多余出来的秋天
让一些长有眼泪的鱼
在一个愁容满面的下午
被活成
一束挂在窗棂上的乡愁
与还晒在晒场上的红辣椒
碰面

西伯利亚吹过来一缕北风
贯穿着一些单薄的身体

鱼群从结冰的湖里被拉出
刚医治好伤痛，又被河流冰封到
冰面下
秋天把刚写好祝福的脚本
隐藏在内心的最深处
为那些来不及逃往南方的候鸟
保留好过冬的羽毛

河流的信仰一次又一次被冰雪打断
那些鲜衣怒马的爱情
离开了河流，恐怕只适合于
被古董店收藏

我及我身处的世界

今年，一浪一浪的热浪
终于在深秋开始后退、递减
往后日子，所有空气中的热分子
都被反复复制粘贴

炎热带来的烦躁心情，遁上高枝

一个似我非我的人
沉浸于一片深秋的枫林中
不动声色地，观察着随风起舞的叶片
及叶片身后飒飒作响的秋天

地上有一些翅膀残缺的蝴蝶
和一些身体细小的爬虫
透过地上的光斑和秋风
它们尝试，重新回到水分缺乏的树梢

此刻，在一棵高大的枫树下

站着一个并非刻意的诗人

他揉揉笔头

却不急着写出，已经酝酿好的诗句

穿越

我以为自己早已到过宋朝
当然，我发誓不会滥用“穿越”
这样比较跟风的词义
因为我穿越不了时空
最多是，穿过一下LED灯光下那些厚厚的书本

我穿过章台拜访过欧阳修
看见他正用他自创的欧体，泪眼婆娑地运笔写
“泪眼问花花不语，乱红飞过秋千去”
我问他何以如此忧伤，他说
在杨柳岸边，与柳三变喝了点小酒
可怜起了他的爱情遭遇
我醒去找柳永，见到他时他似醉非醉
问我，今宵酒醒何处?
我答，不是你口中所说“杨柳岸，晓风残月”吗
别过疯癫的柳永，在西楼转角处
遇上从楼上下来的晏氏父子

他们互抖衣服上的酒痕
大呼：“红烛自怜无好计，夜寒空替人垂泪”

脸色酡红的我，不想再被忧伤的情绪感染
想绕道避开，却又正好碰到泛舟归来的易安居士
她抱着娇柔臂膀一字慢过一字地吟道
“乍暖还寒时候，最难将息”
我迎上去对她说，如果生在今天
仅凭此句，便会成网络世界最大的网红
超过你的后代李子柒

最后，我是在一个雕栏玉砌的凉亭里
遇见了那个亡国之君李煜
他拿着一壶还没有喝完的有毒御酒
还在呢喃自语，我怎么会为了一晌欢娱
弄丢了江山和性命

遇到这么多真正的填词大师
我搜肠刮肚想把脑子里那点东西
组合成哪怕一句
让他们可以点头的句子
却被一声喝骂
不能允许，以词的名义
贩卖粗制滥造的伪劣作品

一粒成熟的沙子

一粒成熟的沙子
埋首于一大堆沙子中
就像一个经历过无数风霜的成年人
置身于一个偌大的群体

它在等待着什么呢
水，石，钢筋和水泥
还是泥工师傅的抹子？
在它屈着的身子里，还怀搂着
自己最小的兄弟

不知道下一步要往哪里
只知道自己现在该站哪个位置
也听不见看不到它有什么怨恨
这种心态倒是强于我们人类
明明生活在幸福中
却好似自己每天都掉在了苦水里

我用宋词逗了逗眼眶中的泪滴

今夜，在一卷翻开的宋词前
我曾预感有好事要发生
一个整晚，都在用虔诚敬候
任何的细小的可能
都被假装看书的眼睛小心过滤

时间之针指向11点45分
再过一刻，预感就要作废
我端起茶杯，将失望饮进心里
杯底忽现：窗外照进一弯残月
并伴晓风作陪

今夜，我只是用柳永的诗句
逗了逗眼眶中的泪滴
一不小心它就滚了出来
我竟一时，茫茫然不知所措

初冬

霜降过后，明晃晃的冬天即将到来
梅枝虽还稚嫩，却也力透纸背
雪夜中，还有一些野菊花
也在进一步枯萎
分明是，明月用了秋天剩余的轻寒
才笼住了，眼眶中
那汪晶莹剔透的泪水

秋思及其他

世事无常，是近几年世界
唯一能统一起来的答案
所以，谁也把不准今秋
哪些农作物，能得到更多成熟的欢娱
只怕绵绵秋雨加早到的秋寒
让没有晒足阳光的种子，胚芽失去活性
那些无法生育的植物
就会变成一些漫天飞舞的谣言
或是沉迷于虚拟世界的游戏玩家
把本该小孩子们玩的狼人杀
运用到了现实世界
他们的手指，长久地放置在鼠标上
三角形标志在无聊至极的游戏砍杀中
适时地做暂停、后退或者快进
而这种游戏，他们已经玩了上百年
却也还——乐此不疲

至此，阳光开始不咸不淡
温度也不热不冷，偶尔还有几片黄叶
飘落在不紧不慢的秋风里
一不小心，它们就挤进了
女孩们正在开拍的抖音视频里
成为网红们的意外

多么精致的一个秋天啊
我怕，季节的美好被自私无良的玩家们
辜负和浪费！

为时已晚

你到达时，早已越过约定好的时间
季节也发生了变化，春花不知道交替了多少次
秋月也记不清轮换了多少回
以至，我们离别时足以傲雪凌霜的脸颊
被风霜布上了过多暗灰的皱纹
岁月是生命最直接的底色啊
那些曾经谲诡的云层，荡走了好看的风景
也掠走了我们渴望过的爱情

你到达时，原先小城的地理形态及位置
都发生了改变，那块你熟悉的石头
倚过的矮墙，跨过的石栅栏
和留下过你无数剪影的油菜花地
周围都砌起来了围墙，过不了多久
连我站立的位置，也会成为高楼
我已收到了征地的通知

还在发文簿上签过了自己的名字

你到达时，我可能已同诗歌一起老去
错过了可以倾谈的时间
还错过了可以用于交换的眼神
一些雾霭，烟雨，忧愁及霉变的时光
他们伤心我久等你不至
带走了我打算寄远的爱情

好在，我一直站在这里，如雕像
如你也还惦记着那个约定，即使迟来

雨水

万千理由，都不成为理由
今年冬天的雨水，就是为着
不是理由的理由而来

在一夜朗秋之后，冬天被切割成数块
我住在其中的任意一块
都会担心其他块上发生的任何事
如同担忧我另居别处的父母
比如害怕他们会发烧感冒，或发生其他意外
仿佛他们都不会按照我的吩咐，自行其是
包括吃什么做什么出门要去哪里
尤其是四周都包围着含有疫情两字的雨水

但我其实知晓，雨水只是夹杂了些思旧的情绪
扑面而来！

一滴眼泪的活法

我想了想，关于一滴眼泪的活法
如果像跳跃于水面的浪花
那么眼泪的活泼代表着什么？
如果一滴眼泪活在古代历史里
那么，那些与虎谋皮的战斗
和相互伤害的智慧谋略算什么？
如果一滴眼泪活在忧伤里
那么，它经历的那些浪漫爱情又算什么？

如果，我是说如果
一滴眼泪活在宋词里
恰巧又碰到了亡国后的李后主
那么，那些因他而生的悲凉和悔恨算什么？
一滴眼泪如果活在遭到贬斥的苏东坡眼里
那他把酒问青天的豪迈气质算什么？
一滴眼泪如果活在流言中

或者活在喜极而泣的故事情节里
活得又有多少现实的意义

一滴眼泪的活法，位置不同活法不同
时间不同，表示的含义不同
带来的效果也不同
一滴眼泪活在不同心胸气度的人的眼里
眼泪表现出的情感也不一样，比如
一滴眼泪如果活在刘备眼里
那真正可能有惺惺作态的嫌疑
但一滴眼泪绝无可能活在曹操的眼里

发现

打扫灵魂居住的房间时
发现一个十分幼稚可笑的词，出现在
不该出现的位置
这个词叫“自由主义”
长着一副迷惑人的脸孔
通常与“资本主义”勾连在一起

这个词很会包装，行事也十分机警隐蔽
甚至手中亮着杀人的刀子，炫耀着自己的战斗力
你瞧，它昨天在骂那个，今天在骂这个
不知道明天又会是谁
好像全世界所有的国家和民族
除了它，都是糊涂蛋，就没有一个人明白
人类生存和发展的真正道理

它宣扬自己的行为不受约束

政治、经济、科学、文化一切如己所愿
但是想想“自由”与“资本”结合
不用推敲也知道
它代表的其实是
人类有“资本”的那个较少的群体部分
马克思对此早做了清晰面明确的定义
但它，我行我素，无惧他人的道德评判
也不认同其他缜密的思考思维

它忘记了自由的真正底线
应以他人的自由为前提
但它却傲慢地宣称
自由是由我发明，我就是“自由的化身”
你若跟随我，我还可以分一点给你
否则，你看我这么时髦，这么多小弟
不听我的安排，看我怎么收拾你
那样子，就像梳着嬉皮士头、穿着喇叭裤
拿着把小刀，吸着毒品的
六七十年代香港电影电视剧中刻画出的无赖泼皮

但它真正糊涂的是，认识不到自己的局限
而且还坚定地认为自己就是自由世界的救世主
能够代替被自己打死了的上帝
要做全世界所有民族新的“上帝”

这个盲目的自信，也许注定是一个
可笑的骗局!

那么，我们权且将它，当成是心理不正常的个体
把今天、明天和未来，牢牢握在自己的手心里

荒原

尽你可能发挥出的想象吧
就我目前所居住的小城而言
确实不太可能有荒原
但我的心底里面藏有一大片
而且，我经常地去看望它们
偶尔还给荒原灌溉一些未及沉淀的雨水
但我不是那片荒原的主人
只是恰巧于流浪途中遇见
虽然也想在哪片荒原的中央
搭建一个四周通透的简易木屋
坐在木屋里，便可以窥破荒原上的一切
包括所有生命活动的痕迹

但我始终怀念着过往的诗歌
它们穿过群山、河流、丛林及一些
孤独着的树木，来到了荒原

它们，引诱我从还未修建起来的木屋中走出
躺倒在一丛似乎漂泊着的荒草上
用露珠作为眼睛，直视
着我的，整个被荒原覆盖的灵魂

思想开启了极简模式
世界却异常复杂纷繁

标题

看到一个标题，立在
陌生的脑子里
形状古怪，感觉有点节外生枝

那个吸引我眼球的标题
应该有理屈词穷的效应，钟摆式地
摇着头，又摆回到了原来出发的位置

撕开标题，从背后才看清，生命原来
还另有一种活法，叫标新立异

简约

从雨水的滴答声中
我探出了脑袋
深居简出的一段日子
既是怕新冠病毒
也是为躲避一些突起的流言

与复杂得多的雨幕相比
冬天简约至极
崇尚节约的树木
早把叶子们分离
水分和营养统统收回到根部

动物们更早地找好了藏身的洞穴
那些铺在地上干枯的树枝和叶子
它们可能都试睡了很多回

只有，一些极其孤僻的人
他们仅仅有一小时自制能力，待倦了
就站在广场上诅咒
法律限制了他们的自由

我用手指弹了弹耳朵，再次细听
以前，我讨厌至极的高分贝广场舞喇叭声
统统躲进了温暖的客厅里
那些跳舞的人同样也躲了进去

所有活动，包括动物们冬眠的必要呼吸
都仅够维持存在最低要求
人类也是，简约到不顾一切
包括繁育后代方面的事情

醒

我醒了，更早醒来的文字
在群山间疯传

一些骄横的文字，占据着某些微信公众号的题首
但我可以肯定，它们不可能
一劳永逸地一辈子占据

我当然还知道，自己属于
迟早要离开故土的人
一有机会，就会到各地去流浪漂泊

因此，出发前，尽可能有睡眠
打点一些已装入旅行袋里的行程

森林

忽然，一个概念强烈来袭
它们由眼前的森林引起
这些叫麦秆松的林子
树木们是否也存在
公开或隐藏起来的矛盾和分歧？

就如我们人类群体
一个个大大小小的林子
它们是否也是一个
密闭的生态系统
也有自己的领地、边界
以及其他共荣共生的构成关系

今天，面对我的疑惑
树木们都集体沉默，它们的表现
就像大家眼中匪夷所思的我
正做着一件匪夷所思的事情

www.ingramcontent.com/pod-product-compliance
Ingram Content Group UK Ltd.
Pitfield, Milton Keynes, MK11 3LW, UK
UKHW062310290726
14090UKWH00018B/982

9 787521 218015